Liebe Leserinnen, liebe Leser!

Flusslandschaften sind besonders idyllisch, haben einen außergewöhnlichen Charme. Das gilt auch und gerade für das Altmühltal. Ihren nur rund 230 km langen Weg beginnt die Altmühl im Hornauer Weiher, wo sich ihre Quellbäche sammeln. Von hier fließt sie in großen Schleifen und mit nur geringem Gefälle Richtung Donau, vorbei an Wiesen und Feldern, eindrucksvollen Kalkfelsen und hübschen Fachwerkstädtchen. Dem Flusslauf per Rad zu folgen, bietet sich geradezu an.

Für den Fotografen ***Ralph Lueger*** *war das Altmühltal eine neue Entdeckung. Fasziniert hat ihn vor allem die Natur.*

Touren für Genusswanderer

Nicht minder reizvoll ist es, per pedes unterwegs zu sein. Ich möchte in naher Zukunft unbedingt der Empfehlung unseres Interviewpartners, Wilhelm Eisenhart, folgen. Er stellt auf S. 94 eine Tour durch das Schambachtal bei Kipfenberg vor und hat uns so begeistert von Ausblicken, einmaliger Flora und Fauna vorgeschwärmt, dass man am liebsten gleich starten möchte. Falls Sie noch nicht überzeugt sind, schauen Sie sich das Bild auf S. 102 an, kann es eine lieblichere Landschaft geben? Wer es gern geruhsamer hat, der kommt im Fränkischen Seenland auf seine Kosten. Der ideale Platz für einen langen Badetag. Übrigens lässt sich eine Radtour am See hervorragend mit einer Schiffsfahrt kombinieren!

Knut Diers, *studierter Geograph und Reisejournalist, liebt das Altmühltal vor allem wegen der Menschen. Zwischen seinen weiten Reisen entspannt er sich dort am liebsten.*

Alles dreht sich um die Wurst

Soviel Natur macht hungrig und durstig. Doch das muss niemand im Altmühltal bleiben. Rund 20 kleinere Brauereien gibt es in der Region, von denen die meisten nur diese Gegend beliefern und mit Weizen und Hopfen aus der Region produzieren. Verschiedene Brauereien hat unser Autor Knut Diers besucht und stellt sie auf S. 114 vor. Zum guten Bier gehört natürlich etwas Habhaftes, in Bayern bzw. Franken ist das nicht selten eine leckere Bratwurst. Wissen Sie was „Bauernseufzer", „Blaue Zipfel" oder „Naggerte" sind? Mir sind die Begriffe bekannt, seitdem ich das Wurst-Glossar auf S. 116 studiert habe, nun gilt es nur noch die Theorie in der Praxis zu erproben. Dabei und bei allen anderen Unternehmungen im Altmühltal viel Spaß!

Herzlich Ihre

Birgit Borowski

Birgit Borowski
Programmleiterin HB Verlag

In Zinn gegossen

Seite 92–95

Ein altes Gewerbe erfährt neue Blüte. Und der Eichstätter Zinngießermeister Wilhelm Eisenhart beweist darüber hinaus noch manche weitere Fähigkeit.

Vor allem hilft der Glaube

Seite 96–111

Das südliche Franken ist übersät mit Zeugen tiefer Frömmigkeit. Sie ist in schlichten Wegkreuzen ebenso zu finden wie in barockem Überschwang.

Wie bei den alten Römern

Seite 66–91

Vor bald 2000 Jahren war die Altmühlregion Römerland. Daran erinnern nicht nur archäologische Funde, auch in der hiesigen Festkultur haben die Römer Spuren hinterlassen.

Ein beschauliches Flüsschen

Seite 34–51

Bevor die Altmühl das Fränkische Seenland erreicht, ist sie ein gemütlich mäandernder Wasserlauf. Und auch nachdem sie dieses Freizeitparadies von Menschenhand verlassen hat, findet sie noch für eine Weile in ihre stille Form zurück – um schließlich Teil des Main-Donau-Kanals zu werden.

INRI

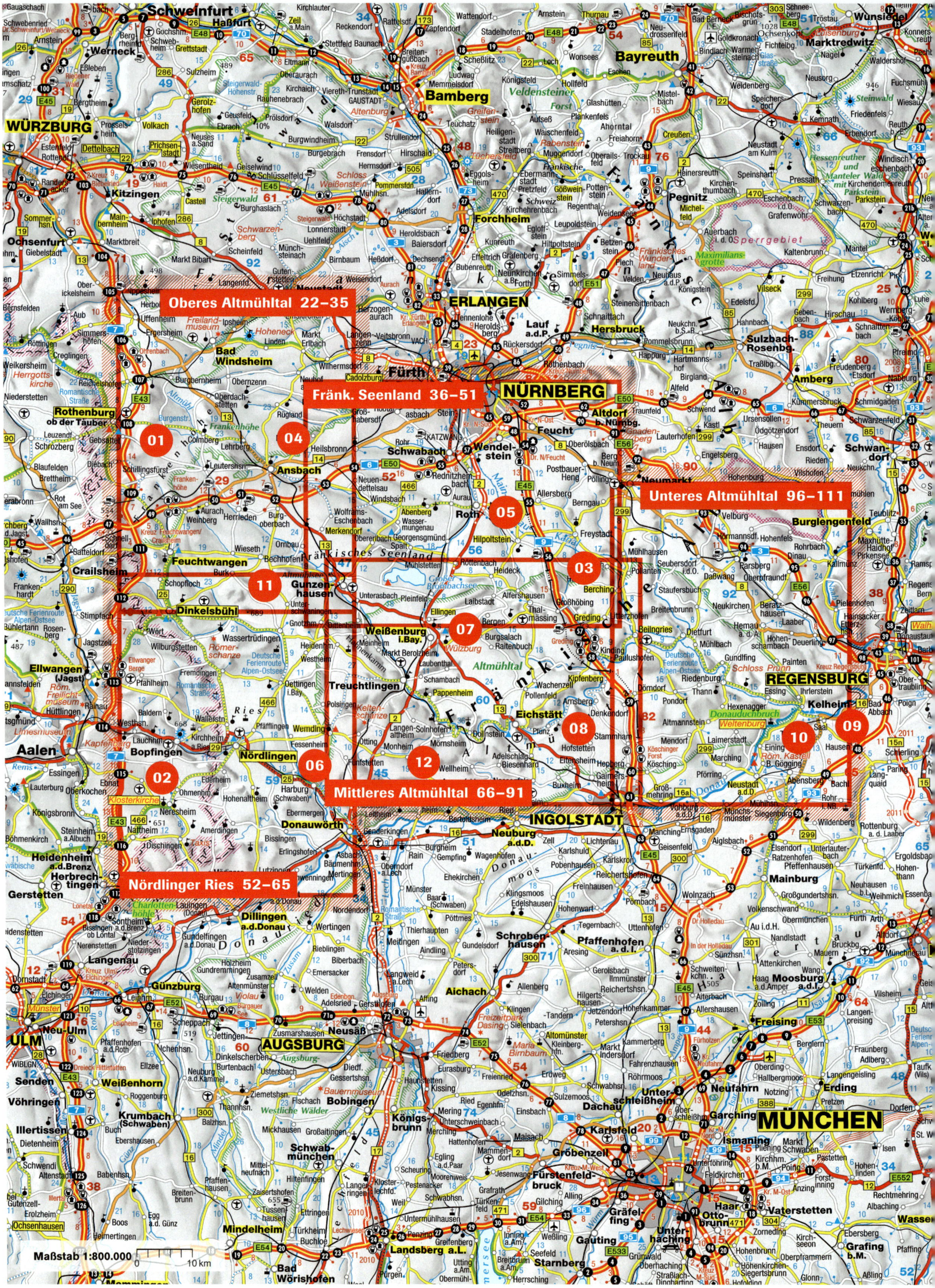
Oberes Altmühltal 22–35
Fränk. Seenland 36–51
Unteres Altmühltal 96–111
Mittleres Altmühltal 66–91
Nördlinger Ries 52–65
01
02
03
04
05
06
07
08
09
10
11
12
Maßstab 1:800.000
10 km

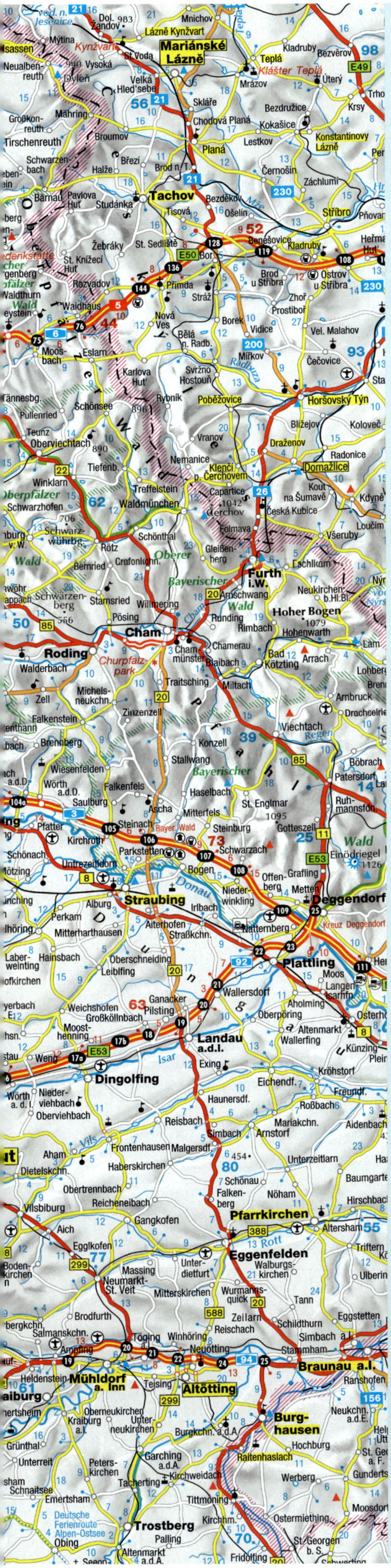

DIE BESTEN TIPPS DER REDAKTION

ERLEBEN

01 Burg am Berg 33

Wie muss eine mittelalterliche Burg aussehen? So wie Burg Colmberg. Begeben Sie sich auf eine kleine Zeitreise, genießen Sie die prächtige Aussicht und nach der Besichtigungstour fränkische Spezialitäten im Burgrestaurant.

02 Reise zu den Kelten 61

Der keltische Fürstensitz Ipf bei Bopfingen ist für jedes Wetter gut. Die Terrassen hinauf zum Hügelplateau lassen sich leicht erwandern. Sie können oben bei den Ausgrabungen zusehen oder sich unten im Pavillon informieren.

03 Durch mittelalterliche Gassen 89

Mittelalterliches Flair durchströmt noch die alten Gassen von Berching. Kombinieren Sie den Besuch des 1100 Jahre alten Städtchens mit einem Ausflug auf dem dagegen noch jungen Main-Donau-Kanal.

KULTUR

04 Zu Gast bei den Grafen 34

Die Markgräfliche Residenz in Ansbach ist ein kleiner Rokokotraum von Versailles. Prunkräume, Festsaal und Spiegelkabinett oder die beachtliche Porzellansammlung im Erdgeschoss sind ein Genuss für jeden Kulturliebhaber.

05 Ein Schloss für jeden Tag 49

Schloss Ratibor in Roth ist nicht nur ein Museum mit wechselnden, besuchenswerten Ausstellungen. Wenn sich die Gelegenheit bietet, besuchen Sie ein Konzert im stimmungsvollen Schlossinnenhof.

06 Burg mit Weitblick 65

Die Burganlage oberhalb des Städtchens Harburg in Schwaben bietet Ihnen beim Rundgang alle Zutaten von Kultur, Geschichte und Religion. Und in der Umgebung lässt es sich mit Weitblick wandern.

07 Römer „zum Anfassen" 85

Zwei Museen helfen Ihnen, sich in die Welt der Römer zu versetzen. In Weißenburg präsentiert das Römermuseum den „Schatz aus dem Spargelacker". Das Römer- und Bajuwaren-Museum in Kipfenberg vermittelt anschaulich Alltagsleben.

08 Wo Fürstbischöfe residierten 86

Eichstätt zeigt Ihnen außer seiner barocken Fürstbischöflichen Residenz und dem Bischöflichen Palais mit dem Dom, der Willibaldsburg samt dem berühmten „Hortus Eystettensis" jede Menge fürstlicher Kultur.

09 Freier Blick von der Halle 110

Die Befreiungshalle auf dem Michelsberg über Kelheim erinnert an die Befreiungskriege gegen Napoleon. Von dort oben sind die Stadt sowie Altmühl und Donau bestens zu sehen – diesen Ausblick sollten Sie nicht verpassen.

10 Heiligtum in der Natur 111

Originell ist die Anfahrt. Nehmen Sie die Seilfähre zum Kloster Weltenburg. In der Benediktinerabtei an der Donau können Sie leicht einen ganzen Tag verbringen. Es ist die Ausstrahlung der Benediktinerabtei mit ihrer barocken Kirche, die jährlich 500 000 Besucher dorthin zieht.

NATUR

11 Dem Seeadler nachspüren 47

Wenn Sie die fast 100 Vogelarten auf der Vogelinsel im Altmühlsee finden wollen, brauchen Sie viel Zeit. Doch schon eine kleinere Wanderung vermittelt gute Einblicke in Flora und Fauna.

12 Zurück in Urzeiten 86

Im Solnhofener Plattenkalk können Sie in dunkle Vorzeiten reisen – hier überdauerte Jahrmillionen unbeachtet das erste Federvieh. Mehrere Exemplare dieser seltenen Spezies lassen sich im Museum des Altmühlortes betrachten.

SO LIEBLICH UND SO SANFT

Im Hornauer Weiher sammeln sich die Quellbächlein der Altmühl. Von diesem beschaulichen Teich in den nördlichen Ausläufern der Frankenhöhe aus durchstreift der Fluss grandiose Landschaften. Auf den 223 Kilometern bis zur Mündung in die Donau bei Kelheim zeigt er sich als „lieblicher, sanfter Strom". So nannten ihn schon die Kelten.

URSPRUNG
DER ALTMÜHL

MIT HOPFEN GEWINNEN

Seit fast 700 Jahren wird rings um die Stadt Spalt im heutigen Fränkischen Seenland Hopfen angebaut (Foto: Mühlreisighof bei Spalt). Kein Wunder, dass in der ganzen Region Brauereien aufblühten. Noch heute prägen sie Kultur und Wirtschaft. Besucher mögen das – und das Bier natürlich. Süß und kräftig schmeckt es hier.

REIGEN DER LÄMMER

Mitte Oktober werden die Lämmer ins Tal getrieben. Den Sommer über haben die wolligen Vierbeiner auf den Jurahöhen ihre Pflicht erfüllt, denn ohne sie wären die felsigen Buckel im Naturpark bald von Büschen und Bäumen verdeckt. Das Projekt „Altmühltaler Lamm“ dient dem Landschaftsschutz, sichert die Tradition der Hüteschäfer und präsentiert das Lamm in Regionalgasthöfen als Delikatesse.

NACHTS SCHALLT EIN RUF VOM TURME

Elf Türme und fünf Stadttore – die Altstadt Nördlingens strahlt in Fachwerk und erinnert geradezu beispielhaft für die überschaubar gebliebenen Orte der Region ans Mittelalter. Schon 1215 wurde die in einem Meteoritenkrater gebaute Siedlung freie Reichsstadt. Vom „Daniel", dem 90 Meter hohen Glockenturm der St.-Georgs-Kirche, ruft an Sommerabenden halbstündlich der Türmer sein Sprüchlein hinab in die Gassen – einmalig in Deutschland.

LANDSCHAFT UNTER SCHUTZ

Die Felsengruppe „Zwölf Apostel", die hier einen Altmühlbogen flankieren, sind Reste eines vor Jahrmillionen entstandenen Küstenriffs – lag die mittlerweile als Naturpark Altmühltal geschütze Region doch einst am Nordrand des Urmittelmeeres. Einige Dimensionen kleiner und von Menschenhand ist die in den letzten Jahrzehnten und nur wenige Kilometer entfernt entstandene attraktive Seenlandschaft – der Main-Donau-Kanal und damit verbundene hochfliegende Wasserverteilungspläne machten das möglich.

KEIN SCHLOSS ZU VIEL

Es nennt sich auch „Perle des Fränkischen Barock“ – das Deutschordensschloss in Ellingen als größter barocker Schlossbau Süddeutschlands ist nur eine von zehn herausragenden Anlagen entlang der Altmühl. Von Colmberg über Ansbach, Pappenheim, Eichstätt und Beilngries bis Riedenburg erheben sich mächtige Burgen und Schlösser.

Maximilian II.
Maximilian II.

DIE LANDSCHAFT MACHT EINE GUTE FIGUR

Gerade einmal 80 Meter breit ist die Weltenburger Enge. Die Donau zwängt sich durch die 40 Meter hohen Kalkfelsen und ist dabei nur einer der vielen landschaftlichen Höhepunkte. Wer durch die Uferwälder wandert, genießt Schatten und Ausblick. Der Wechsel von Anhöhen, Flüssen, Tälern und reizvollen Dörfern verleiht der gesamten Altmühlregion ihren Charme.

Von Natur zu Kultur

Der Hornauer Weiher gilt als Ursprung der Altmühl. Wer dort unterwegs ist – nicht weit von Rothenburg ob der Tauber – findet noch kleine Dörfer und gemütliche Radwege. Ein Flugpionier aus Leutershausen und die kulturelle Pracht von Ansbach überraschen den Reisenden. Ein Auftakt zu einer Altmühlreise mit Muße und Genuss.

Die „Ansbacher Skulpturenmeile" mit moderner Kunst gehört mittlerweile zum Alltag der Stadt

01

02

03

„Wer hungrig ist, dem kann geholfen werden, wer krank und schwach ist, wird wieder gesund und stark.“

Wildbader Fremdenverkehrsprospekt von 1931

Wer den Ursprung der Altmühl sucht, hat es nicht ganz leicht. Zwischen der Frankenhöhe und dem kleinen Burgbernheim liegt der Hornauer Weiher in einer sanften Mulde. Wer von Norden mit dem Rad kommt, kann es fast bis zum Teich laufen lassen, ohne zu treten. Der Weiher hat einige Zuflüsse – von Fachleuten Schichtwasseraustritte genannt. Aber keiner dieser Gräben ist stark genug, um als Quellfluss zu gelten. Also stritt man sich um dieses Idyll, bis 1904 eine amtliche Kommission aus München, das „Königlich-Bayerische Hydrographische Bureau“, zu dem Weiher reiste und entschied, „dass als Ursprung der Altmühl allein der Abflussgraben am Unteren Hornauer Weiher unter der Hornauer Mühle angenommen werden muss“. An der Stelle wurde ein Stein errichtet, vor dem nun der Radler anhält. Auf ihm steht „Ursprung der Altmühl“, und das gilt bis heute.

Zwar gibt es auch heute noch einen Stein im Garten eines Familiengehöfts in der Nähe, auf dem ist ebenfalls zu lesen: „Ursprung der Altmühl“. Darunter plätschert Wasser aus dem Wiesenhang der Erlach-Siedlung hervor. Aber die Bewohner schätzen es nicht, wenn Touristenscharen über ihr Anwesen laufen. Dennoch, die Burgbernheimer halten diese Quelle für den stärksten Zufluss.

Vom Hornauer Weiher aus fließt die „Alcimona“, wie die Kelten den „lieblichen, sanften Fluss“ nannten, 223 Kilometer bis Kelheim und mündet dort als Main-Donau-Kanal in die Donau, die am Ende ins Schwarze Meer fließt. Weil die Altmühl bis dahin nur 120 Meter an Höhe verliert, gilt sie als der am langsamsten fließende Fluss in Deutschland. Das Paddeln ist einfach und auch flussaufwärts relativ bequem. Wer hier an der kleinen Altmühl entlang radelt, hat kaum Steigungen, riecht frische, feuchte Wiesen, sieht urige Bauerndörfer und erlebt oft herzliche Gastfreundschaft.

Eine starke Feste: Colmberg

Burg Colmberg ist schon von weitem zu sehen. Wer in dem kleinen Ort hinauf zu einer der am besten erhaltenen mittelalterlichen Anlagen aus dem 13. Jahrhundert auf 511 Metern Höhe radelt, ist erstmal außer Atem. Die Belohnung kommt dann doppelt – einmal durch den Fernblick auf die Frankenhöhe, dann durch die Bewirtung in der Burg. Kinder sind willkommen; Hochzeiten werden dort gefeiert, fränkische Spezialitäten aufgetischt. Bevor die Familie Unbehauen das rustikale Anwesen mit den dicken Mauern 1964 übernahm, hinter denen man sich geborgen fühlen kann, gehörte Burg Colmberg an der Burgenstraße 37 Jahre lang dem letz-

01 *Unweit der Altmühlquelle wurde einst in Burgbernheims Wildbad gekurt*
02 *Der 900 Jahre alte Seilersturm gehörte zur Stadtbefestigung von Burgbernheim*
03 *In der Kapelle auf Burg Colmberg wird gern geheiratet*
04 *Rustikales Fachwerk bestimmt die Bäderarchitektur von Burgbernheims Wildbad*

01

02

03

04

ten kaiserlichen Konsul in Japan. Und wie das heute so üblich ist, wird am Fuße der Burg eingelocht. Von der Neunloch-Golfanlage können die Spieler beim Abschlag auf das Obere Altmühltal blicken.

Leutershäuser Prominenz

Der Altmühl-Radweg folgt dem Flusslauf recht nahe. Es geht durch Dörfer wie Meuchlein, Zweiflingen und Jochsberg bis nach Leutershausen. Die Kleinstadt mit dem Mauerring und den beiden Stadttoren ist die Heimat von Prominenten. Der Flugpionier Gustav Weißkopf war einer von ihnen. Was weniger bekannt ist: In Leutershausen wurde die Mutter des einstigen amerikanischen Außenministers Henry Kissinger geboren. Das Geburtshaus der Mutter Paula – ihr Vater war Viehhändler – steht am Marktplatz. Später lebte sie mit ihrem Mann Louis, einem jüdischen Gymnasiallehrer, in Fürth, und sie war es, die ihre Familie drängte, noch vor Beginn des Zweiten Weltkriegs nach Amerika auszuwandern. Das war 1938. Louis Kissinger hatte 1933 Berufsverbot erhalten. Heinz Alfred (später nannte er sich Henry) und sein Bruder Walter zogen mit ihren Eltern nach New York. Bis dahin waren die beiden Brüder öfter bei den Großeltern in Leutershausen und schwammen gelegent-

01 *Nahe der Altmühlquelle liegt Windelsbach mit seinem Erlebnispfad*
02 *Zu den Natursehenswürdigkeiten der Frankenhöhe gehören die Kreuzeichen bei Hürbel*
03 *Im Weißkopf-Museum von Leutershausen*
04 *Frankenhöhe-Schäfer in Hürbel am Rangen*

SPECIAL Gustav Weißkopf

Der verkannte Pionier

Aus Leutershausen stammt eine „Berühmtheit“: Der Flugpionier Gustav Weißkopf (1874 bis 1927) wurde in der fränkischen Kleinstadt geboren. Unbekannt? Vielleicht, weil der Vollwaise 21-jährig in die USA auswanderte.

Nach Experimenten mit Segelflugzeugen – Erfahrungen mit Wind und „Aerodynamik“ hatte er in mehreren Jahren unter Segeln auf Frachtschiffen gesammelt –, wandte er sich dem Motorflug zu. Sein Modell 21 wurde von einem luftgekühlten Zweizylindermotor angetrieben, den er selbst gebaut hatte. Am 14. August 1901 legte diese Eigenkonstruktion aus Bambus und Seide die Strecke von immerhin 800 Meter frei in der Luft zurück – allerdings in nur etwa 15 Metern Höhe. Das war in der Nähe von Bridgeport (US-Staat Connecticut). Damit war Gustave Whitehead, wie er sich nunmehr nannte, zwei Jahre, vier Monate und vier Tage schneller als die Brüder Wright, denen bekannterweise der erste motorisierte Flug zugeschrieben wird. Weißkopfs Pioniertat geriet bald in Vergessenheit; ihm selbst ging es wirtschaftlich nicht gut. Nach einem tödlichen Herzinfarkt fand er seine ewige Ruhe in einem Armengrab. Heute bemüht sich eine Flughistorische Forschungsgemeinschaft in Leutershausen um die späte Anerkennung der Leistungen des einstigen Bürgers ihrer Gemeinde. Es gibt einen Film und ein Buch mit dem Titel „Ich flog vor den Wrights“. Weißkopfs bahnbrechendes Modell 21 ist als Nachbau und Denkmal in originaler Größe und Flughöhe nahe der Stadtmauer am Unteren Tor zu sehen. Und in Österreich wurde dem Flugpionier mit einer 55-Cent-Briefmarke späte Ehrung zuteil.

Modell 21 als Weißkopf-Denkmal in Leutershausen

01

02

Ansbach bildet bis heute das kulturelle Herz des einstigen hohenzollernschen Fürstentums „Unterm Gebürg".

01 *Zum „Ansbacher Rokoko" gehört der Spiegelsaal im Residenzschloss*
02 *Moderne Kunst kontrastiert in Ansbach reizvoll mit der Schlossarchitektur*

01

RENNEWART GAB IHM MEHR, ALS ER IHM SCHULDE
FLOG DER SPLITTER DURCH DIE LUFT?‹ ›JA, UND ALS ER

02

SPECIAL Kaspar Hauser

Der große Unbekannte

Am Pfingstmontag 1828 war die unscheinbare Gestalt in Nürnberg aufgetaucht – verwahrlost, heimatlos, lediglich mit Hemd und Hose bekleidet. Auf Fragen antwortete sie mühsam. Seinen Namen konnte der etwa 16-Jährige allerdings schreiben: Kaspar Hauser.

Das einstige Findelkind war angeblich von hoher Geburt, vielleicht ein badischer Erbprinz – der den dynastischen Ambitionen einer badischen Nebenlinie im Weg gestanden habe. Als möglicher Vater wurde sogar Kaiser Napoleon genannt. Kaspar Hauser verbrachte seine ersten Lebensjahre vermutlich in einem engen Verlies ohne direkten Kontakt zu anderen Menschen. Da Hauser niemandem in Nürnberg bekannt war und sich auch niemand für ihn zuständig fühlte, musste er nach seinem Auftauchen für einige Zeit ins Gefängnis auf der Nürnberger Burg; dann kam er in die Familie eines Gymnasialprofessors, der ihn unterrichtete. Später gelang es einem Lord Stanhope, Hausers Vormund zu werden. Brennend an dessen Herkunft interessiert, wollte ihn der Lord als Pflegesohn mit nach England nehmen, brachte ihn 1831 aber dann nach Ansbach als Schreiber zum Appellationsgericht – da war Kaspar Hauser schon ein junger, gebildeter Mann. Er lebte in der Pfarrstraße 18. Das Kaspar-Hauser-Denkmal in der Platenstraße zeigt ihn in zweierlei Gestalt: wie er 1828 in Nürnberg auftauchte und wie er kurz vor seiner Ermordung 1833 als junger Edelmann aussah. „Hier wurde ein Geheimnisvoller in geheimnisvoller Weise getötet. 14. Dez. 1833“, steht auf einer Sandsteinsäule im Ansbacher Hofgarten. Denn Hauser wurde, unter dem Vorwand, zu erfahren, wer seine Mutter sei, von einem Unbekannten in den Hofgarten gelockt. Dort gegen fünf Uhr abends niedergestochen, schleppte er sich noch nach Hause. Der Mörder ließ bei Hauser einen violetten Beutel zurück. Auf einem angehefteten Zettel stand: „Hauser wird es euch ganz genau sagen können, wo her ich bin, und wer ich bin. Den Hauser die Mühe zu ersparen, will ich es euch selbst sagen, woher. Ich komme von der bair. Gränze. Ich will euch auch meinen Namen sagen: M.L.Oe.“ Aufgeklärt ist der Mordfall bis heute nicht. Auch Genanalysen 1996 und 2002 brachten keine verwertbaren Hinweise zur Herkunft des Protagonisten der alle zwei Jahre stattfindenden Kaspar-Hauser-Festspiele.

lich im Flussbad. Paula Kissinger trat nur einmal öffentlich auf: Am 23. September 1973 hielt sie die Bibel, auf die ihr Sohn Henry den Amtseid als Außenminister der USA ablegte.

Ansbach hat viel Kultur

Wer in die „Metropole“ an der Fränkischen Rezat fährt, muss begeistert sein. Ansbach ist heute eine Art Kulturhauptstadt in Franken, die es vorbildlich versteht, Alt und Jung gleichermaßen anzusprechen. Schließlich kann sie auf barocke Fassaden, versteckte Innenhöfe im Renaissance-Stil, mächtige Kirchen und blühende (Hof-) Gärten stolz sein. Sie setzt auf die lange Tradition der glanzvollen Hohenzollernfürsten, veranstaltet die immerhin ältesten Bachwochen in Deutschland, Rokoko-Festspiele, bleibt aber mit Gitarrenkonzerten und einer modernen Skulpturenmeile in der Fußgängerzone auch jüngeren Besuchern zugewandt. Und alle halten sich in Bewegung: Skater zischen rund ums Messezentrum, im Freizeitbad „Aquella“ gibt man sich Badefreuden und Wellness hin, und in den Wäldern klacken die Nordic-Walking-Stöcke. So konnte sich Ansbach innerhalb Frankens einen vorderen Platz auf der Beliebtheitsskala erobern.

01 *Der Fachwerkort Wolframs-Eschenbach hat …*
02 *… seinem Dichter ein aufwändiges museales Denkmal gesetzt*
03 *Dächer staffeln sich hinauf zum alles überragenden Turm des Liebfrauenmünsters, …*
04 *… und Glaubensbekenntnisse schmücken in Wolframs-Eschenbach noch manche Hausecke*

01
02
03
04
05
06
NEUSTADT an der Aisch
UFFENHEIM
BAD WINDSHEIM
Ipsheim
Dietersheim
Emskirchen
LANGENZENN
Markt Erlbach
Wilhermsdorf
BURG-BERNHEIM
Obernzenn
Trautskirchen
Neuhof an der Zenn
Oberdachstetten
Flachslanden
Rügland
Dietenhofen
Naturpark
Frankenhöhe
Geslau
Colmberg
Lehrberg
Weihenzell
Bruckberg
HEILSBRONN
ANSBACH
Petersaura
LEUTERSHAUSEN
SCHILLINGSFÜRST
Sachsen bei Ansbach
Lichtenau
Neuendettelsau
Dombühl
Aurach
HERRIEDEN
Burgoberbach
WOLFRAMS-ESCHENBACH
MERKENDORF
Weidenbach
Bechhofen
FEUCHTWANGEN
ORNBAU
Haundorf
Dentlein am Forst
Arberg
Schopfloch
Dürrwangen
Langfurth
GUNZENHAUSEN
Ehingen
DINKELSBÜHL
Windsheimer Bucht
Hohe Steig
Burgenstraße
Romantische Straße
Mittelfränkische Bocksbeutelstraße
Hohenecker Forst
Heide
Fränkisches Seenland

Wo ein Flüsschen entspringt

Was aus einem kleinen Fluss werden kann, zeigt das Obere Altmühltal: Ganz langsam nimmt das Gewässer Fahrt auf, schlängelt sich an Burgen und Höhen, an eher kleinen Orten mit solidem Fachwerk vorbei und erreicht dann das Fränkische Seenland. Herausragend zeigt sich am Wegesrand die einstige markgräfliche Residenz Ansbach – kulturell, wirtschaftlich und auch als Freizeitmetropole.

Fürstliche Wohnkultur in der Ansbacher Residenz

01 BURGBERNHEIM

Die 3000-Einw.-Stadt am Fuß der Frankenhöhe ist staatlich anerkannter Erholungsort. Der sehr ruhig wirkende Ort hat seit dem 15. Jh. als Kurbad Tradition; Anfang des 18. Jh. wurden in Wildbad ein Kur- und Gasthaus gebaut. Außerdem ist Burgbernheim für seine 30 000 Streuobstbäume bekannt.

SEHENSWERT Von 1102 stammt der älteste Teil der **Stadtpfarrkirche St. Johannis.** Das **Torhaus** von 1545 unterhalb der Kirche mit dem „Neunuhrglöcklein" ist hübsch anzusehen. Der **Seilersturm** von 1102 war einer der vier Ecktürme der Befestigungsanlage. Er ist bei einem Rundgang zu sehen, ebenso die vielen **Fachwerkhäuser,** für die Burgbernheim bekannt ist (ältestes von 1607, Rodgasse 3). Das ehem. Mineralheilbad **Wildbad** südl. der Altstadt wird heute als Waldgasthof genutzt.

ERLEBEN Eine Spezialität ist **Bernemer Zwetschgenschnaps.** Ihn brennt neben anderem der Wirt des Gasthauses „Weißes Ross" und serviert dazu Schinken, Fränkische Vesper und Wurst aus eigener Schlachtung (Marktplatz, Biergarten, Tel. 09843/1286). Auch zu empfehlen ist der Historische Gasthof „Zum Goldenen Hirschen" (Windsheimer Straße 2, Tel. 09843/936880, www.gasthofhirschen.de).

AKTIVITÄTEN Der **Natur- und Erlebnispfad** „Im Gründlein" mit einem Kräuterlabyrinth ist 4 km lang (Freibadstraße 3). Ebenfalls „Im Gründlein" gibt es kostenlose Stellplätze für Wohnmobile. 75 km **Wanderwege** in 900 ha Mischwald sind ausgeschildert.

INFORMATION
Touristinformation, Untere Rathausgasse 1
91593 Burgbernheim, Tel. 09843/30934
Fax 09843/980404, www.burgbernheim.de

02 COLMBERG

Der 2100-Einw.-Marktort bietet Familien und Burgenfreunden einiges zum Anschauen. Aus einer karolingischen Befestigung wurde im 12. Jh. eine staufische Reichsburg. 1318 kauften die hohenzollernschen Nürnberger Burggrafen Umland und Burg, die, nachdem die Hohenzollern 1415 mit der Mark Brandenburg belehnt worden waren, Sitz eines Oberamtes von Brandenburg-Ansbach und 1806 der bayerischen Verwaltung war.

SEHENSWERT **Burg Colmberg** TOP-ZIEL gilt mit seiner Ringmauer, seinen Burg- und Nebengebäuden als ein besonders gut erhaltenes Beispiel einer Höhenburg. 1631 konnte sie im Verlauf des Dreißigjährigen Kriegs den Angriffen des kaiserlichen Feldherrn Tilly standhalten. Heute ist sie Hotel und verbindet mittelalterliches Flair mit regionaler Küche (Tel. 09803/91920, www.burg-colmberg.de).
Das **Informationszentrum Frankenhöhe** bietet Einblicke in den Lebensraum vieler Arten. Auch Kinder werden gut unterhalten (Am Kirchberg 4, www.naturpark-frankenhoehe.de; April–Okt. Mo. bis Do. 8.00–12.00 und 13.00–17.00, Fr. 8.00–12.00 und 13.00–16.00, Sa. und So. 13.00–17.00 Uhr, sonst Sa. und So. geschl.).

AKTIVITÄTEN 20 km Fließgewässer sind für **Angler** vorhanden. Ein Wegenetz lädt zum **Wandern** und **Radfahren** ein.

INFORMATION
Markt Colmberg, Am Markt 1, 91598 Colmberg
Tel. 09803/93290, Fax 09803/932920
www.colmberg.de

03 LEUTERSHAUSEN

5600 Einw. sind vor allem auf einen stolz: ihren Flugpionier Gustav Weißkopf. Um 800 gründeten fränkische Siedler Leutershausen, das 1000 erstmals erwähnt wurde. 1806 gingen rund 500 Jahre Hohenzollernherrschaft zu Ende.

MUSEEN Das **Gustav-Weißkopf-Museum** ist dem ersten Motorflieger der Welt gewidmet, das **Heimatmuseum** u.a. Handwerk und Zunftwesen (Plan 6, www.weisskopf.de/museum.htm; Ostern–Okt. Di.–Fr. 10.00–12.00, Mi. und So. 14.00 bis 16.00 Uhr). Das **Motorradmuseum Frankenhöhe** im Ortsteil Hetzweiler (südw.) zeigt alles von Adler bis Zündapp (Weiherstraße 16; So. 10.00 bis 17.00 Uhr).

AKTIVITÄTEN Idyllisch ist das kostenlose, im Sommer immer geöffnete **Altmühlflussbad** (Schillingsfürster Straße, www.altmuehlbad.de).

INFORMATION
Stadtverwaltung, Am Markt 1
91578 Leutershausen, Tel. 09823/9510
Fax 09823/95150, www.leutershausen.de

04 ANSBACH

Die kreisfreie Stadt ist Sitz des gleichnamigen Landkreises und des Regierungsbezirks Mittelfranken, Mit mehr als 40 000 Einw. ist sie kulturell und wirtschaftlich Zentrum der Region. Am Ort einer fränkischen Siedlung gründete St. Gumbert aus fränkischer Herzogsfamilie 748 ein Benediktinerkloster. Um 1040 wurde es in ein Chorherrenstift verwandelt.

1221 tauchte Ansbach urkundlich als Stadt auf. 1331 kauften die Hohenzollern Stadt und Stift. Als Markgrafen und Kurfürsten von Brandenburg erhoben die Hohenzollern die Stadt 1456 zur Residenz. Brandenburg-Ansbach blieb aber unabhängig und wurde nicht mit Brandenburg vereinigt. Die Blütezeit Ansbachs hielt bis 1792 an. Markgraf Carl Alexander verzichtete gegen eine Leibrente auf sein Fürstentum und ging nach England. 1806 kam die Stadt endgültig an Bayern.

SEHENSWERT Die **Residenz** **TOPZIEL** der Markgrafen zu Brandenburg-Ansbach mit Fayencen und Porzellan der ehem. Manufaktur (1710–1839) sowie dem Deckenfresko von Carlo Carlone im Festsaal (1736) und Rokoko-Gemälden ist ein Kleinod. Die einstige Wasserburg (um 1400) wurde bis 1575 in ein Renaissanceschloss umgebaut. Der Graubündner Gabriel di Gabrieli, Karl Friedrich von Zocha und der Oberitaliener Leopoldo Retty gestalteten dieses im „Ansbacher Rokoko" (bis 1716, bis 1730 und bis 1749). 27 Prunkräume zeigen Pracht und Glanz des 18. Jh. (Promenade 27, www.schloesser.bayern.de; April bis Sept. Di.–So. 9.00–18.00, sonst Di.–So. 10.00 bis 16.00, Führungen 9.00–17.00 bzw. 10.00–15.00 Uhr). Nahe der Residenz liegen die **Orangerie,** 1726 bis 1728 von Karl Friedrich von Zocha nach französischen Vorbildern geschaffen, und der **Hofgarten.** Dort findet sich auch der Kasper-Hauser-Gedenkstein; 1833 wurde hier das Findelkind von einem Unbekannten erstochen. Sehenswert ist auch der Rosen- und Kräutergarten. Pflanzen und Kräuter aus dem „New Kreuterbuch" von Leonhart Fuchs sind dort zu bewundern. Fuchs aus Wemding arbeitete von 1528 bis 1535 in Ansbach als Leibarzt des Markgrafen.
Ein Rundgang durch die Innenstadt führt zu **St. Gumbertus,** der ehem. Stifts- und heutigen ev. Stadtpfarrkirche (11.–18. Jh.) mit 25 Sarkophagen aus dem 17. und 18. Jh. in der Fürstengruft (Johann-Sebastian-Bach-Platz; Sommer Fr. und Sa. 15.00–17.00, So. 11.00–12.00 und 15.00 bis 17.00 Uhr), zum **Beringershof** mit Treppentürmen (16. Jh.), dem **Rathaus** von 1623, der bedeutenden barocken **Synagoge** (1744–1746 von Leopoldo Retty, Rosenbadstraße; Besichtigung bei Stadtführungen) und zum städtischen Wahrzeichen **Herrieder Tor** als barocker Toranlage (15.–18. Jh.; 11.00 und 17.00 Uhr Glockenspiel). Auf dem Schlossplatz fällt die **Pferdeplastik** „Anscavallo" von Jürgen Goertz auf.

Der Ansbacher „Anscavallo" vor der Residenz

Kaspar Hauser in Ansbachs Platenstraße

MUSEEN **Markgrafen-Museum** siehe Tipp. Die **Jägerndorfer Heimatstuben** im Rückgebäude des Rathauses sind der Geschichte des sudetisch-schlesischen Herzogtums Jägerndorf gewidmet, das 1523–1622 zum Herrschaftsbereich der Fürsten von Brandenburg-Ansbach gehörte (Martin-Luther-Platz 1; April–Okt. Mi. 14.00 bis 16.00 Uhr).

AKTIVITÄTEN **Nordic-Walking-Strecken** durch den Bocksbergwald für alle Ansprüche beginnen am **„Aquella"-Freizeitbad**. Das Bad bietet 3000 m^2 Wasserfläche, Rutsche, Saunen, Beachvolleyball und Biergarten (Am Stadion 2, Tel. 0981/9778670; wegen Renovierung bis Ende 2009 geschl.). Wanderfreunde können auf 200 km markierten **Wanderwegen** oder acht Rundwanderwegen die Umgebung entdecken. Radfahrer bewegen sich auf der Burgenstraße. **Skatern** stehen am Messezentrum in der Schalkhäuser Straße fünf Ramps und eine Halfpipe zur Verfügung (für Jugendliche weitere Freizeittipps unter www.ansbach4u.de).

VERANSTALTUNGEN Seit 1947 wird zur Erinnerung an Johann Sebastian Bach das Musikfestival **Bachwoche Ansbach** an zahlreichen Spielorten und einem Programm von historisch bis modern veranstaltet (www.bachwocheansbach.de, 0981/15037; alle zwei Jahre Ende Juli, wieder 2009). Es konzertierten schon namhafte Künstler wie Yehudi Menuhin und Mstislaw Rostropowitsch; bei dem ältesten Musikfest zu Ehren des Komponisten überhaupt werden auch Kinder- und Jazzkonzerte gegeben. Das **Kulturzentrum Karlshalle,** ein ehem. Betsaal der katholischen Gemeinde von 1777/1778 mit klassizistischem Stuck, wird nicht nur zur Bachwoche oder zu den „Internationalen Gitarrenkonzerten Ansbach" (Mai bis Okt.) belebt. Sie bildet ein stimmiges Ambiente von der Lesung bis zum Kammerkonzert.
Altstadtfest ist im Mai/Juni. Die **Rokoko-Festspiele** mit höfischem Treiben, Musik und Tanz aus dem 17. und 18. Jh. lassen Anfang Juli Residenzzeiten aufleben. Die **Skulpturenmeile** in der Innenstadt zeigt jedes Jahr von Juli bis Okt. im Freien zeitgenössische Kunstwerke. Die **Kaspar-Hauser-Festspiele** beleuchten das Leben des berühmtesten Findelkinds Europas (alle zwei Jahre Ende Juli, wieder 2010).

Tipp

Anschauliche Geschichte

Das neu gestaltete Markgrafen-Museum in Ansbach zeigt anschaulich die Geschichte der Hohenzollernresidenz und der Markgrafen. Interessant sind die Inszenierungen zum Dreißigjährigen Krieg und zum Spanischen Erbfolgekrieg. Auch eine umfangreiche Sammlung von Fayencen ist zu bewundern. Aufschlussreich ist auch die Abteilung über Kaspar Hauser, der von 1831 bis zu seiner Ermordung 1833 in Ansbach gelebt hat.

Markgrafen-Museum, Kaspar-Hauser-Platz, Ansbach; Mai–Sept. tgl. 10.00–17.00, Okt.–April Di.–So. 10.00–17.00 Uhr

INFORMATION
Amt für Kultur und Touristik
Johann-Sebastian-Bach-Platz 1, 91522 Ansbach
Tel. 0981/51243, Fax 0981/51365,
www.ansbach.de

05 HERRIEDEN

Das mittelfränkische 8000-Einw.-Städtchen geht auf eine fränkische Klostergründung 782 zurück. Die dortigen Benediktiner waren ursächlich daran beteiligt, die Altmühlniederung zu kultivieren. Bereits 888 wurde das Kloster in ein Chorherrenstift umgewandelt, das dem Bistum Eichstätt unterstand und dessen Einfluss in der

Region wahrte. Den Ungarneinfällen des 10. Jh. wurde mit einer Befestigung begegnet; seit 1230 besitzt Herrieden Stadtrecht. Deocar, der Beichtvater Karls des Großen, war erster Abt des Klosters und wurde später als Blindenheiliger verehrt; er gilt als eine Schlüsselfigur für die Christianisierung des Frankenlandes. Um 1470 besuchte Jakob Fugger, später einer der bedeutendsten Kaufleute Europas, als Schüler die Stiftsschule.

SEHENSWERT Das **Storchentor** aus dem 14. Jh. flankiert die Stadt zur **Altmühlbrücke,** einem 1711 zuletzt erneuerten Bauwerk im Zuge der Handelsstraße von Donauwörth nach Fürth. Die **Stiftskirche** (Urspr. 1071) wurde im 15./16. Jh. spätgotisch erweitert und um 1740 von Gabriel de Gabrieli barock ausgestaltet. Die **Frauenkirche** (um 1500) erhebt sich an der Stelle des ersten Klosters. Der **Deocarbrunnen** am Marktplatz zeigt den ersten Abt des Klosters und Patron der Stadt unter Bäumen.

Das Mittelalter als Spiel: im Wolfram-von-Eschenbach-Museum

AKTIVITÄTEN Der **Bildstock- und Kapellenwanderweg** führt zu den Stätten religiösen Volkslebens rund um Herrieden (Faltblatt bei der Stadtverwaltung). Ebenfalls beliebt ist ein 10 km langer **Naturlehrpfad.**

INFORMATION
Stadtverwaltung, Herrnhof 10
91567 Herrieden, Tel. 09825/8080
Fax 09825/80830, www.herrieden.de

06 WOLFRAMS-ESCHENBACH

Die Kleinstadt mit knapp 3000 Einw. konnte sich mittelalterlich anmutende Gassen erhalten und ist ein Hort mittelhochdeutscher Literatur. Das Dorf (Urspr. 8. Jh., Stadtrecht 1332) kam im 13. Jh. an den Deutschen Orden, der bis 1796 die Geschicke Eschenbachs bestimmte und inmitten einer ev. bestimmten Region eine katholische Enklave aufrechterhielt. Der einflussreiche mittelhochdeutsche Dichter Wolfram von Eschenbach (um 1170–um 1220; Hauptwerk „Parzival") ist berühmtester Sohn der Stadt; ihm zu Ehren wurde 1917 ihr Name durch ein letztes Dekret König Ludwigs III. von Bayern zu Wolframs-Eschenbach erweitert.

SEHENSWERT Deutschordensbrüder ließen Mitte des 13. Jh. das wiederholt umgebaute **Liebfrauenmünster** errichten, dessen herausragendes Ausstattungsstück der Rosenkranzaltar darstellt (um 1515). Das **Deutschordensschloss** geriet zu einem der schönsten Renaissancebauten Süddeutschlands (1623; heute Rathaus). Gut sichtbar blieb der Verlauf der im 13. und 14. Jh. errichteten Stadtbefestigung. Die **Alte Vogtei** in der Hauptstraße ist heute Gasthof (um 1600), umgeben von Fachwerk- und barocken Bauten.

MUSEUM Dem hier geborenen Dichter ist das **Wolfram-von-Eschenbach-Museum** gewidmet (Wolfram-von-Eschenbach-Platz 9; April bis Okt. Di.–So. 14.00–17.00, So. auch 10.30–12.00, sonst Sa. und So. 13.00–16.00 Uhr).

VERANSTALTUNG Spiel und Spaß für Kinder ist das **Räuber-Hotzenplotz-Fest** am 1. Aug.-So. an den Originaldrehorten des Films.

INFORMATION
Bürger- und Tourismusbüro
Wolfram-von-Eschenbach-Platz 1
91639 Wolframs-Eschenbach, Tel. 09875/97550
Fax 09875/9671, www.wolframs-eschenbach.de

Nicht versäumen!

NATUR

Obst überall
Burgbernheim ist bekannt für seine Streuobstwiesen. Wer hier entlang radelt, begegnet einer hügeligen Landschaft mit schönen Ausblicken. Auch rund um den Hornauer Weiher, die Quelle der Altmühl, lässt sich Natur genießen.

Siehe Nr. 01

ERLEBEN

Burg am Berg
Vor allem mit Kindern sind Burgen ein besonderes Erlebnis. Mit ihnen lässt sich mittelalterliches Dasein neu erleben. Die exemplarisch gut erhaltene Burg Colmberg bietet dafür ideale Voraussetzungen.

TOPZIEL Siehe Nr. 02

KULTUR

Der Pionier der Lüfte
Leutershausen ist schon wegen seiner gemütliche Gassen und Häuser interessant. Doch auch Gustav Weißkopf, Flugpionier und erster Motorflieger weltweit, macht das Altmühl-Städtchen besuchenswert.

Siehe Nr. 03

KULTUR

Zu Gast bei den Grafen
Die Markgräfliche Residenz in Ansbach ist ein kleines Versailles. 27 Prunkräume, Festsaal und Spiegelkabinett oder die beachtliche Porzellansammlung im Erdgeschoss sind ein wahrer Genuss für Kulturliebhaber.

TOPZIEL Siehe Nr. 04

ERLEBEN

Wandern zu Bildstöcken
Der Bildstock- und Kapellenwanderweg in Herrieden ist eine Besonderheit. Die wenigen Kilometer sind gut zu bewältigen, es ist kaum hügelig. Der Blick in die Landschaft und auf die religiösen Stätten unterwegs ist eindrucksvoll.

Siehe Nr. 05

Seen und gesehen werden

Es zieht Menschen jeden Alters an: Das Fränkische Seenland bietet manche Abwechslung für Wassersportler, Radfahrer, Wanderer und Kultururlauber. Sich auf, an und zwischen den lieblichen Seen zu tummeln, ist eine Freude, zumal die Städte und Dörfer der Region ihren Charakter und Charme vielfach erhalten konnten.

Auf die dem Naturschutz verpflichtete Vogelinsel im Altmühlsee ist man besonders stolz

01

Das Fränkische Seenland sieht sich als Lago Maggiore der bayerischen Tourismuslandschaft.

Langsam verblassen die Erinnerungen an ein Flüsschen, das gemächlich durch die Wiesen zwischen Muhr und Gunzenhausen mäanderte. 1976 waren die Bagger angerückt und hatten die Altmühl in den Dienst des milliardenschweren und in sprödem Amtsdeutsch „Überleitung von Altmühl- und Donauwasser in das Regnitz-Main-Gebiet" genannten Projekts gestellt. Das Fränkische Seenland war entstanden und verbreitet mittlerweile – über den auf den ersten Blick gar nicht sichtbaren technischen Hintergrund hinaus – geradezu südländisches „Lago-Maggiore-Feeling" in Bayern. Im Sommer sind die Sandstrände und Liegewiesen mit Badehandtüchern, Federballschlägern oder Picknickkörben übersät. Ab und zu fährt ein Ausflugsschiff vorbei. Viele kombinieren eine Radtour mit einem Schiffsausflug. An Radwegen mangelt es nicht – 1500 Kilometer sind rund um die Seen und von See zu See vorhanden.

Mittlerweile ist das Fränkische Seenland sogar Vorbild für eine andere deutsche Region, die gerade geflutet wird: Im südlichen Brandenburg und nördlichen Sachsen werden in den nächsten Jahren die Tagebaugruben entlang der Spree in eine riesige Seen- und Freizeitlandschaft verwandelt.

Zwischen Altstadt und Internet

Zwischen Altmühlsee und Brombachsee ist nicht nur Land in Sicht, sondern auch ein staatlich anerkannter Erholungsort. In Gunzenhausen halten viele Radler erstmal im Biergarten vom „Leuchtturm" oder an den Cafés am Marktplatz mit dem lustigen Glockenturm. Vor rund 2000 Jahren bereits hatten die nach Norden vordringenden Römer hier versucht, die immer häufiger werdenden Streifzüge der Germanen zu stoppen. Ein kleines Kastell beherbergte die Wachmannschaften des südlich der Stadt vorbeiführenden Limes – Reste sind noch im Burgstallwald zu finden. Die waren schon einem Gunzenhausener Medizinal-

01 *Ramsberger Sportboothafen am Brombachsee*
02 *Bequemer kann ein Ausflug nicht beginnen: am Ramsberger Strand*
03 *Strandleben in Wald am Altmühlsee*

01

02

Seenland aus Menschenhand

Mitten in Bayern hat sich in den vergangenen 20 Jahren eine ungewöhnliche Seen- und Kulturlandschaft entwickelt.

Auslöser für das gigantische Projekt war die Wasserknappheit in Franken und der Bau des Main-Donau-Kanals. Um das zu ändern, wurde der Wasserhaushalt einer ganzen Region umgebaut. Heute fließen rund 25 Millionen Kubikmeter Wasser im Jahr in den niederschlagsärmeren Norden Bayerns. Altmühl- und Donauwasser werden ins Regnitz-Main-Gebiet bei Nürnberg geleitet. Das ist nicht alles: Für Urlauber und Einheimische sind 20 Quadratkilometer Wasserflächen entstanden – und das überall mit freiem Zugang für Erholungsuchende. Freizeitangebote und Größe sind mit denen der oberbayerischen Seen zu vergleichen. So ist der Altmühlsee mit seinen 4,5 Quadratkilometern etwa so groß wie der Königssee im Berchtesgadener Land. Der Brombachsee mit dem Igelsbachsee hat 12,7 Quadratkilometer Wasserfläche und ist damit größer als der Tegernsee. Der zehn Hektar große Rothsee dient als Ausgleichsbecken für den Main-Donau-Kanal und als Pumpspeicher. Je nach Bedarf wird vom See Wasser in den Kanal oder – mit

Vorbereitung zur Tour in Heuberg am Rothsee

Nachtstrom – aus der Kanalschleuse bei Eckersmühlen in den Rothsee gepumpt. Auch liefern drei kleine Wasserkraftwerke so viel Strom, wie 2000 Haushalte im Jahr verbrauchen.

Abendstimmung in Ramsberg am Brombachsee

rat aufgefallen. Heinrich Eidams heimatkundliche Forschungen wurden 1892 mit dem Ehrenposten „Streckenkommissar der Reichslimeskommission“ belohnt. Zur gleichen Zeit richtete ein Unternehmer seinen Blick in die Zukunft, Gunzenhausen wurde Standort des Eisenwerks Theodor Loos. Als Loos International ist die Firma heute weltweit im Geschäft mit Dampf- und Heizkesseln. Auch „schwere Musik“ kommt aus der Stadt: Die Feurich Klavier- und Flügelfabrikation ist ein Traditionsunternehmen. 1851 in Leipzig gegründet, ist das Unternehmen seit 1958 in Gunzenhausen zu Hause. Viel jünger, aber nicht weniger erfolgreich, ist eine weitere Firma der Stadt: Hetzner Online verwaltet mehr als 150 000 Internet-Adressen und wurde als bester „Hostinganbieter für Privatkunden“ ausgezeichnet.

Wo der Hopfen blüht

Nördlich vom Brombachsee liegt in der zweiten Augusthälfte der Geruch von frischem Hopfen in der Luft: Die Hopfenkönigin preist ihre Region, und die Gäste strömen zum Bierseminar und zum Wirtefest nach Spalt. Der Hopfenanbau blühte schon 1341. Da hat sich viel Tradition angesammelt. Und wie es sich für einen alteingesessenen Betrieb gehört, befindet sich die Spalter Brauerei noch in der Altstadt, wo es nun gemütlich zugeht.

Wenn die 5000 Einwohner große Stadt auch einen eher gemächlichen Eindruck macht, mancherorts wird doch scharf beschleunigt. Für Wanderer, die mal mit vierfacher Lichtgeschwindigkeit unterwegs sein wollen, haben sich die Touristiker den Planetenweg ausgedacht. Er beginnt an einem Sonnenglobus in Georgensgmünd östlich Spalt und führt an der Rezat entlang nach Spalt hinein. Der Außenposten unseres Sonnensystems, Pluto, steht als Modell dort am alten Bahnhof. Wer die Entfernungen im All zu denen auf dem Planetenweg bei einem Maßstab von eins zu einer Milliarde umrechnet, kommt auf

01 *Als nüchterner Zweckbau zeigt sich der Main-Donau-Kanal bei Eckersmühlen*
02 *Der Rothsee lässt sich gefahrlos mit Eimer und Schaufel erobern*

01

02

03

04

SPECIAL Wasserbauten

Schiffe versenken

Mit einer Hubhöhe von 24,67 Metern ist sie eine der höchsten Deutschlands: die Schleuse „Eckersmühlen" am Main-Donau-Kanal. Die Wasserstraße ist gut frequentiert.

Gerade schiebt sich ein fast 90 Meter langer Binnenfrachter aus den Niederlanden in die Kammer. Mit 1,5 Metern pro Minute wird das rund 1500 Tonnen schwere Schiff abgesenkt. Die Schleuse Eckersmühlen – 381,33 Meter über Normalnull – ist ein besonderes Bauwerk. Das ablaufende Wasser wird in drei Sparbecken geleitet – der Besucher oben auf der Schleuse hört es ein paar Meter weiter rauschen. Aus den Becken gelangt es auch wieder zurück, wenn Schiffe auf ein höheres Niveau gebracht werden sollen. Dort an Kilometer 95 des Main-Donau-Kanals steht man an der Wasserverbindung vom Schwarzen Meer zur Nordsee. Etwas weiter südlich bei Pierheim markiert ein Denkmal die europäische Hauptwasserscheide – auf der einen Seite fließen die Flüsse zur Donau und damit ins Schwarze Meer; auf der anderen Seite entwässern sie zum Main und Rhein und damit in die Nordsee. Von 1960 bis 1992 wurde an den 171 rund 55 Meter breiten Kanalkilometern zwischen Bamberg und Kelheim gebaut. 16 Schleusen gleichen die Höhenunterschiede aus. Entsetzen gab es damals in den idyllischen Tälern von Sulz, Ottmaring und Altmühl und vielerlei Protest. Mittlerweile hat sich die Lage beruhigt – zumal der Kanal, den bereits Karl der Große geplant hatte, auch neue Perspektiven geschaffen hat. Rund 40 Kilometer südwestlich, in Graben bei Treuchtlingen, entstanden im Jahr 793 1230 Meter eines Verbindungsgrabens – der Fossa Carolina. Bereits damals wollte man die Talwasserscheide zwischen Donau und Rhein, zwischen Altmühl und Rezat, durchstechen. Doch die Arbeiten scheiterten aufgrund der begrenzten technischen Möglichkeiten jener Zeit.

Die Schleuse ist gängigen Schiffsgrößen angepasst

etwa 30 Zentimeter pro Sekunde – und eben vierfache Lichtgeschwindigkeit auf der sechs Kilometer langen Strecke.

Roth ist immer „auf Draht"

In 20 Minuten von Nürnberg mit dem Regionalexpress bis in die Kreisstadt Roth. Das verschafft der einstigen Metropole der Drahtherstellung und jetzigen Kulturstadt ein interessantes Einzugsgebiet. Es ist nicht nur die Kulturfabrik, die mit ihrem abwechslungsreichen Programm für Aufsehen sorgt. Es sind die vielen Ausstellungen und Konzerte auf Schloss Ratibor, die Bluestage in der Stadt oder die Triathlonveranstaltungen in der Roth und am Rothsee, die sich als Anziehungspunkte erweisen. Jahrhundertelang war die Stadt von etwas anderem geprägt, sie war sozusagen „auf Draht". Im 16. Jahrhundert kamen Hugenotten aus Lyon – sie hatten ihre Heimat aus Glaubensgründen verlassen müssen – und brachten das Handwerk des Drahtziehens mit. Der fein gezogene Golddraht wurde flachgewalzt. Als der Bedarf stieg, ersetzte man Gold durch Silber, später durch Kupfer mit Messingoberfläche. Gewebe, Girlanden, Altardeckchen, Christbaumschmuck und alles, was sonst noch aus Draht zu flechten und formen ist, wurde in Roth produziert. Der Boom trieb seltsame Blüten. So kaufte der Fabrikant

01 *Heideck: Blick von Schlossberg …*
02 *… und das Rathaus, einst eine Zehntscheune*
03 *Schlafender Jünger in Hilpoltsteins Museum*
04 *Wasser treibt den Eisenhammer Eckersmühlen*

01

02

03

04

05

„In Spalt, in Spalt,
dou wern di Leit gor alt;
sie kenna nix dafier,
dös macht ös goute Bier.“

Volksspruch

Johann Philipp Stieber sogar Schloss Ratibor, um dort vorübergehend seine Fabrik unterzubringen – in einem aus der Frührenaissance stammenden Jagdschloss der Markgrafen von Brandenburg-Ansbach. Mittlerweile wieder „zurückgebaut“ und von Münchener Künstlern im Stil der Neurenaissance ausgestaltet, ist das Schloss ein Hort vielfältiger Kultur. Roth ist eben immer noch „auf Draht“, wenn es darum geht, sich zeitgemäß auszurichten.

Zu 17 Mühlen kannst du gehen

Von Roth über Eckersmühlen bis Hilpoltstein ist der „Mühlenweg“ ein attraktives Ziel für Radler und Wanderer. Eingebettet in eine vielgestaltige Kulturlandschaft, streift er 17 Mühlen und vermittelt auf 39 Kilometern ganz unterschiedliche Einblicke in die Wassergeschichte entlang dem Fluss Roth. Besonders sticht der „Historische Eisenhammer“ von Eckersmühlen hervor. Über fünf Generationen war er im Besitz der Familie Schäff, einer Hammerschmiede-Dynastie. In dem lebendigen Museum mit mehreren Gebäuden, Turbine und Wehr kann man zuschauen, wie glühendes Eisen geformt wird. Erstmals erwähnt wurde die einstige Ölmühle des Deutschen Ordens schon 1464. Bis 1974 war sie in Betrieb. Zuletzt wurden landwirtschaftliche Geräte hergestellt.

01 *Spalt besitzt noch Reste der Stadtmauer, die 1872 für den Eisenbahnbau abgerissen wurde*
02 *Ohne Hopfen – und auch Bier – ist Spalt kaum vorstellbar*
03 *Wettergegerbt präsentiert sich der Hopfenspeicher Mühlreisighof*
04 *Mohnblumen sind immer ein schönes Bild*
05 *Das Spalter Kornhaus ist dem Hopfen gewidmet*

NÜRNBERG
OBER-ASBACH
STEIN
ALTDORF
Winkelhaid
Feucht
Burgthann
Schwarzenbruck
Wendelstein
Dietenhofen
Großhabersdorf
Roßtal
Ammerndorf
HEILSBRONN
SCHWABACH
Rohr
Petersaurach
Rednitzhembach
Schwanstetten
Postbauer-Heng
Pyrbaum
Kammerstein
Büchenbach
Neuendettelsau
Lichtenau
Sachsen bei Ansbach
04
05
ABENBERG
ROTH
Allersberg
Berngau
WINDSBACH
WOLFRAMS-ESCHENBACH
MERKENDORF
Weidenbach
ORNBAU
Auf dem Sand
Georgensgmünd
HILPOLTSTEIN
FREYSTADT
06
Haundorf
SPALT
03
Röttenbach
Absberg
HEIDECK
Fränkisches Seenland
GUNZENHAUSEN
Pleinfeld
07
Thalmässing
02
ELLINGEN
Großer Brombachsee
Reichswald
Burgenstraße

Mehr als Baden und Boot fahren

Wenige Jahre besteht die fränkische Seenlandschaft und hat sich bereits als Ausflugs- und Urlaubsziel etabliert. Darüber werden erst auf den zweiten Blick Traditionen und Geschichte der Region deutlich, die mit Burgen, alten Städten, vielen Kirchen und interessanten Zeugen teilweise vergangener handwerklich-industrieller Epochen auch kulturell einiges zu bieten hat.

01 GUNZENHAUSEN

Die 1200 Jahre alte Stadt mit 16 500 Einw. ist quicklebendig, bietet Kultur und einen hohen Freizeitwert. Eine vorgeschichtliche Besiedlung ist belegt. Ende des 1. Jh. n. Chr. begann die römische Zeit, um 240 von einfallenden Alemannen beendet. Ab 1368 gehörte der Ort zum Hohenzollernbesitz, erhielt Stadtrechte und ist seit 1806 bayerisch. Ein Teil der 1849 in Betrieb genommenen „Ludwigs-Süd-Nordbahn" ist heute Museumsbahn.

SEHENSWERT Der **Marktplatz** ist von Bürgerhäusern umgeben. Häufig verändert zeigt sich das Rathaus (17. Jh.). Das Gartenschlösschen (1749), heute Haus des Gastes, ist vom **Markgräflichen Hofgarten** umgeben. Es blieben Reste der **Stadtmauer** mit Blas-, Färber- und Storchenturm (14.–17. Jh.).

MUSEEN Ein Adelspalais von 1706 beherbergt das **Stadtmuseum** (Rathausstraße 12; Mai–Mitte Okt. Di.–So. 10.00–12.00 und 13.00–17.00, sonst Di.–Fr. 13.00–17.00 und So. 10.00–12.00 und 13.00 bis 17.00 Uhr). Neben dem Blasturm widmet sich das **Museum für Vor- und Frühgeschichte** (Brunnenstraße 1; wie Stadtmuseum) den Zeiten bis zum Mittelalter. Das **Fossilien- und Steindruck-Museum** zeigt Versteinerungen und die Frühformen des Flachdrucks (Sonnenstraße 4; April–Okt. tgl. 9.00–17.00, sonst So. und Fei. 10.00 bis 16.00 Uhr).

AKTIVITÄTEN Das **Freizeitbad „Juramare"** bietet auch ein Saunadorf (Bahnhofsplatz 16, www.juramare.de; Sa.–Do. 10.00–18.00, Fr. 14.00–22.00 Uhr).

UMGEBUNG **Altmühl-, Brombach-** und **Rothsee** sind die wichtigsten Seen, die zum neu geschaffenen Fränkischen Seenland gehören, mit 4,2 Mio. Tagesgästen im Jahr und mehr als 1,8 Mio. Übernachtungen Publikumsmagnet. Der nur 2,50 m tiefe **Altmühlsee** (250 ha Wasserfläche, 200 ha Flachwasser-Vogelschutzzone) westl. Gunzenhausen ist ein Ziel für Natur- und Wasserfreunde. Die **Vogelinsel** TOPZIEL kann von März bis Okt. vom Parkplatz Vogelinsel in Muhr am See aus (Info-Haus des Landesbundes für Vogelschutz) bei Führungen besucht werden (Umweltstation Altmühlsee, 09831/4820, www.lbv.de/altmuehlsee); Aussichtsturm und Lehrpfad sind jederzeit zugänglich. **Schifffahrten** mit der „MS Altmühlsee" führen von Muhr am See nach Wald und Schlungenhof (Zweckverband Altmühlsee, Marktplatz 25, 91710 Gunzenhausen, Tel. 09831/508191, www.altmuehlsee-schifffahrt.de; Mai bis Okt.); das Schiff ist behindertengeeignet.

INFORMATION
Touristinformation, Marktplatz 25
91710 Gunzenhausen, Tel. 09831/508300
Fax 09831/508179, www.gunzenhausen.de

Tipp

Theater am See

Seit einigen Jahren haben sich im Sommer die Festspiele am Altmühlsee einen Namen gemacht. Es werden lockere, moderne Stücke gespielt. Auch an den Struwwelpeter für Kinder ist gedacht. Jede Saison steht etwas Neues auf dem Programm. Aufgeführt werden die Theaterstücke im Garten von Schloss Altenmuhr (Urspr. 12. Jh., 17. Jh.) oder im Muhrer Bürgerhof.

Altmühlsee-Infozentrum (AIZ), Schlossstraße 2, 91735 Muhr am See, Tel. 09831/890370, www.altmuehlfestspiele.de und www.altmuehlsee.de

Kinderparadies Brombachsee: Ramsberger Strand

Trimaran „Brombachsee", der Stolz der Seenflotte

Tourismusverband Fränkisches Seenland
Hafnermarkt 13, 91710 Gunzenhausen
Tel. 09831/500120, Fax 09831/500140
www.fraenkischeseen.de

02 PLEINFELD

Markt Pleinfeld (7300 Einw.) hat sich zu einem Zentrum am Brombachsee entwickelt. Bekannt ist der Ort durch seinen auf Sportanlagen verwendeten rötlichen Quarzsand.

SEHENSWERT Im **Infozentrum Fränkisches Seenland** werden Hintergründe und Entwicklung des Projekts dargestellt (Mandlesmühle, Allmannsdorf; Mai–Sept. tgl. 10.00–16.00 Uhr). Aus dem 17. Jh. stammt **Schloss Sandsee** auf dem 455 m hohen Weinberg bei Mischelbach (östl.; Privatbesitz). Ein seltenes Relikt ist die **keltische Viereckschanze** aus vorchristlicher Zeit, etwa 100 mal 100 Meter groß, in Kleinweingarten; Sie diente als Opferstätte oder für landwirtschaftliche Zwecke. Reste eines Wachturms des Grenzwalls **Limes** sind bei Dorsbrunn zu sehen.

MUSEUM Im ehem Vogteischloss ist das **Heimatmuseum** untergebracht mit einem Brauereimuseum unter dem Dach (Kirchenplatz 1; April bis Okt. So. und Di. 14.00–17.00, sonst Di. 14.00 bis 17.00 Uhr).

AKTIVITÄTEN Zum Erlebnispark Pleinfeld gehört u. a. eine **Sommerrodelbahn** (Tel. 09144/924054, www.sommerrodelbahn-pleinfeld.de; März bis Okt. Mo.–Fr. ab 13.00, Sa. und So. ab 10.00 Uhr).

UMGEBUNG Der **Brombachsee** ist der größte im Fränkischen Seenland und besteht aus dem Großen (870 ha) und Kleinen Brombachsee (250 ha) sowie dem Igelsbachsee (90 ha). Die Badeinsel Absberg bietet einen langen Südstrand, FKK-Gelände, Tauchschule und SANshine-Camp eines Aktivreisenveranstalters (www.

san-shine-camp.com). Gegenüber liegt der **AbenteuerWald Enderndorf,** ein Kletterpark (Tel. 09175/907257, www.abenteuer-wald.com).

INFORMATION

Kultur- und Touristinformation im Rathaus
Marktplatz 11, 91785 Pleinfeld, Tel. 09144/920070
Fax 09144/920060, www.pleinfeld.de
Zweckverband Brombachsee, Obere Dorfstraße 3
91785 Ramsberg, Tel. 09144/571, Fax 09144/6701
www.zv-brombachsee.de

03 SPALT

Die 5000-Einw.-Kleinstadt an der Rezat spiegelt mehr als 1000 Jahre fränkische Kultur wider. In der einst „Spalter Schweiz" genannten Region stand eines der karolingischen Urklöster. Spalt (Stadtrecht 14. Jh.) ist seit 1341 für seinen Hopfen bekannt.

SEHENSWERT In der teilweise noch ummauerten **Altstadt** mit Schäfer-, Drechsler- und Diebsturm stehen Hopfenspeicher und Fachwerkhäuser. Der **Mühlreisighof** von 1746, bekanntester Hopfenspeicher Bayerns, hat eine einmalige Fachwerkfassade; das bewohnte Haus liegt auf dem Weg von Spalt nach Wassermungenau und ist nur von außen zu besichtigen.

MUSEEN Im **Kornhaus,** einem massigen, bis 1984 als Hopfenhalle genutzten Fachwerkbau am Gabrieliplatz, ist alles über den Hopfen und das Leben der Hopfenpflücker zu erfahren (Mitte Juli bis Mitte Sept. Di., Fr., Sa. und So. 14.00–17.00 Uhr). **Heimatstuben** im ehem. Arrestturm (wie Kornhaus) und **Handwerkerstuben** im Oberen Tor (wie Kornhaus). Ein **Feuerwehrmuseum** zeigt das Alte Rathaus (Juli–Mitte Sept. Di. 14.00 bis 15.30 Uhr).

Blick in alte Zeiten in Pleinfelds Heimatmuseum

VERANSTALTUNGEN Am Stephanstag (26. Dez.) findet der **Stephansritt** nach Wasserzell statt. Die Freilichtbühne ist Schauplatz der **Spalter Sommernachtsspiele** im Juli (www.sommernachtsspiele-spalt.de). Die **Nürnberger Reis,** ein alle fünf Jahre aufgeführtes Festspiel (wieder Juni 2010) erinnert an die Befreiung von Nürnberger Landsknechten 1450. Über das Bier gibt es viel zu erfahren – auf Wochenendseminaren in Spalt oder bei Führungen in der Stadtbrauerei (www.spalter-bier.de; Auskunft bei der Touristinformation).

UMGEBUNG **Burg Wernfels** (nordw.) wurde im 13. Jh. genannt und um 1600 tiefgreifend erneuert. Heute gehört die Anlage dem CVJM und ist eine der beliebtesten Jugendherbergen Bayerns.

INFORMATION

Touristinformation, Herrengasse 10
91174 Spalt, Tel. 09175/79650
Fax 09175/796580, www.spalt.de

04 ABENBERG

Der 5500-Einw.-Burgort hat viele Kultur- und Freizeitangebote. Das Städtchen entstand im 11. Jh. (Stadtrecht 1299) und war Besitz des 1803 aufgelösten Fürstbistums Eichstätt.

SEHENSWERT Ortsbestimmend überragt die bis ins 20. Jh. immer wieder den Bedürfnissen angepasste **Burg** das Städtchen (Urspr. 11. Jh.) und dient als Museum und Hotel-Restaurant (Burgstraße 16, Tel. 09178/982990, 91183 Abenberg, www.burg-abenberg.de). Das 1142 gegründete **Kloster Marienburg** ist heute Mutterhaus eines katholischen Frauenordens.

MUSEEN Das **Haus der Fränkischen Geschichte** lädt zu einer „Zeitreise durch Franken ein, das **Klöppelmuseum** präsentiert Spitzen-Kunst (beide Burgstraße 16, www.museen-abenberg.de; April–Okt. Di.–So. 11.00–17.00, März, Nov. und. Dez. Do.–So. 11.00–17.00 Uhr).

AKTIVITÄTEN **Abseilen** vom Burgturm „Luginsland" und **Bogenschießen.** Es gibt einen 18-Loch-**Golfplatz** und Swin-Golf. **Schwimmen** im Naturbadeweiher.

VERANSTALTUNG Beim **Stillafest** mit Klosterserenade in der Stillakirche des Klosters

Romantischen Zeitgeschmack spiegelt Burg Abenberg

wird im Juli der für ihre Nächstenliebe bekannten und 1927 selig gesprochenen Frau Stilla von Abenberg († um 1140) gedacht.

INFORMATION

Stadt Abenberg, Stillaplatz 1
91183 Abenberg, Tel. 09178/98800
Fax 09178/988080, www.abenberg.de

05 ROTH

Die Kreis- und Einkaufsstadt (25 000 Einw.) war einst „industriereichste Kleinstadt Bayerns". Der bereits vorgeschichtliche Siedlungsplatz (Stadtrecht 14. Jh.) war als „Freiung" bekannt, ein Ort, wo Straftäter befristetes Asyl erhielten. Der einstige Hohenzollernbesitz kam 1806 an Bayern. Roth war bis ins 19. Jh. Zentrum der

Tipp

Die Massendorfer Schlucht

Ausgangspunkt ist der Parkplatz südlich von (Spalt-)Massendorf. Dann dem Weg durch die Schlucht folgen. Sie ist für das Fränkische Seenland ungewöhnlich – steil, felsig und mit Bäumen bewachsen. Der Weg führt hinab nach Spalt über die Güsseldorfer Straße bis zur Rezatbrücke und lässt sich auch umgekehrt wandern.

Auskunft bei der Touristinformation Spalt

„Leonischen Industrie" (Drahtherstellung), die der Hugenotte Anthoni Fournier im 16. Jh. aus Lyon über Nürnberg nach Roth gebracht hatte. Die Zeiten haben sich allerdings gewandelt – heute blühen Natur, Blues und Triathlon.

SEHENSWERT Auf einem Stadtrundgang reihen sich u. a. **Altes Rathaus** (1759), **Schloss Ratibor** (16.–19. Jh.), **Luitpold-Denkmal** (1891), **Stadtmauer** und **Seckendorff-Schlösschen** (1768), **Riffelmacherhaus** (um 1600) und **Stieberhaus** (15./16. Jh.).

MUSEEN Schloss Ratibor **TOPZIEL** ist kulturelles Zentrum mit Stadtmuseum, Stadtbibliothek, Prunksaal, Schlosshof für Konzerte und Ausstellungen (Hauptstraße 1; April–Okt. Di.–So. 13.00 bis 17.00 Uhr). Das **Fabrikmuseum** dokumentiert die Geschichte der Drahtherstellung (Obere Mühle 4, www.fabrikmuseum-roth.de; April–Okt. Sa. und So. 13.30–16.30 Uhr).

AKTIVITÄTEN Wandern und **Radfahren** – u. a. auf der 130-km-Rundtour „Via Historica".

VERANSTALTUNGEN Bekannte Künstler treten im April bei den **Rother Bluestagen** auf; auch sonst Kabarett- und Kulturprogramm (Kulturfabrik, Stieberstraße 7, 09171/848762, www.kulturfabrik.de). Überregional bekannt ist das **Rothsee-Triathlon** am letzten Juni-Wochenende (www.rothsee-triathlon.de). Klassiker kommen auf die Bühne der **Schlosshofspiele** (Schloss Ratibor, www.schlosshofspiele-roth.de; Juli/Aug.).

UMGEBUNG Idyllisch liegt **Eckersmühlen** (südöstl.). Seine Mühlen und die Schleuse im Main-Donau-Kanal sind das Besondere – u. a. der Historische Eisenhammer (Eckersmühlen 1; April bis Okt. Mi.–So. und Fei. 13.00–17.00 Uhr). Informationen zum Mühlenweg auf www.landratsamt-roth.de. Der **Rothsee** (210 ha) wurde bis 1993 als Speichersee angelegt, bietet aber auch Freizeitsportlern und Radlern ein lohnendes Ziel.

INFORMATION
Touristinformation, Schloss Ratibor
Hauptstraße 1, 91154 Roth, Tel. 09171/848513
Fax 09171/848519, www.stadt-roth.de
Zweckverband Rothsee, Weinbergweg 1
91152 Roth, Tel. 09171/81310, Fax 09171/817310
www.rothsee.de

06 HILPOLTSTEIN

Der 13500-Einw.-Ort am Main-Donau-Kanal steht im Zeichen der Burg und bietet eine Fachwerkidylle am Stadtweiher. Mit Ursprung im 10. Jh., war die einstige Kreisstadt im 17. Jh. kurzzeitig Residenz. Der nahe Rothsee entwickelte sich zu einem erfolgreichen touristischen Standbein.

SEHENSWERT Die Ruine der **Burg** ist im Sommer begehbar. Im 17. Jh. entstand die ehem. **Residenz,** heute Amtsgericht. Das **Rathaus** (1417) war urspr. ein Handelshaus. Gotisch und barock zeigt sich die **Pfarrkirche** (15. Jh. und 1732). Der **Döderleinsturm** (13. Jh.) blieb wie auch die Stadtbefestigung weitgehend erhalten, an die sich der **Gasthof Schwarzes Ross** (16. Jh.) lehnt.

MUSEUM Bauhandwerk, Stadtgeschichte und Brauwesen (1880 eingestellt) präsentiert das **Museum Schwarzes Ross** (Marktstraße 10; April–Okt., Di.–So. 13.00–17.00, sonst So. und Fei. 13.00–16.00 Uhr).

VERANSTALTUNGEN Dreitägig ist im Mai das **Mittelalterfest** („Ritter, Barden, Beutelschneider") auf der Burgruine. Das **Burgfest** erinnert mit Festumzug in historischen Kostümen und Feuerwerk u. a. an den „Einzug der Pfalzgräfin Dorothea Maria", 1606 und frisch verwitwet (1. Aug.-Wochenende). Interessant sind der Rundgang durch die Burgruine Hilpoltstein und die **Kellerführung** in historische Bierkeller unter der Stadt.

INFORMATION
Amt für Kultur und Tourismus
Maria-Dorothea-Straße 8, 91161 Hilpoltstein
Tel. 09174/978607, Fax 09174/978609
www.hilpoltstein.de

07 HEIDECK

Die Kleinstadt mit 4800 Einw. bietet rund um den Marktplatz Fachwerk und viel Weitblick vom Schlossberg vor den Toren. 1192 war eine erste Burg gebaut worden. Der CSU-Politiker und Bundesminister Richard Stücklen (1916–2002) stammte aus Heideck.

SEHENSWERT Die gotische **Frauenkirche** von 1419 ist gerade frisch restauriert. Die romanisch-gotische **Pfarrkirche St. Johannes** besitzt eine Rokoko-Ausstattung. Das **Rathaus,** eine ehem. Zehntscheune von 1481, beherbergt auch das **Heimatmuseum** u.a, mit einem Klassenzimmer aus dem 19. Jh. (März–Okt. So. 14.00–16.00 Uhr).

INFORMATION
Stadtverwaltung, Marktplatz 24
91180 Heideck, Tel. 09177/49400
Fax 09177/494040, www.heideck.de

Nicht versäumen!

NATUR

Dem Seeadler nachspüren
Wer die fast 100 Vogelarten auf der Vogelinsel im Altmühlsee finden will – sogar ein Seeadlerpaar wurde dort gesehen –, braucht viel Zeit. Doch schon eine kleine Wanderung gibt gute Einblicke in Flora und Fauna.

TOPZIEL Siehe Nr. 01

ERLEBEN

Wildes Inselleben
Die Halbinsel Absberg am Brombachsee hat alles, was kleine und große Kinder gern haben. Da gibt es Lagerfeuer, Indianerleben und herrliche Strände. Doch auch Erwachsene kommen hier auf ihre Kosten.

Siehe Nr. 02

KULTUR

Stöbern im Fränkischen
Auf einer kleinen Zeitreise durch das Haus der Fränkischen Geschichte in Abenberg zu stöbern, unterhält und bildet zugleich – zumal der uralte Ort mit seiner Burg eine passende Atmosphäre besitzt.

Siehe Nr. 04

KULTUR

Ein Schloss für jeden Tag
Schloss Ratibor in Roth ist nicht nur ein Museum mit wechselnden, besuchenswerten Ausstellungen. Es ist auch ein vielseitiges Kulturzentrum, das rund ums Jahr mehr als seine hörenswerten Konzerte bietet.

TOPZIEL Siehe Nr. 05

KULTUR

Durch die Geschichte schlendern
Wer auf kleinstem Raum viel über die Vergangenheit der Region erfahren möchte, kann das in Hilpoltstein tun – wo ein Rundgang meist im „Schwarzen Ross" endet, wahlweise Museum oder Brauerei.

Siehe Nr. 06

Mittelalter im Krater

Vor 15 Millionen Jahren prallte ein riesiger Meteorit in die Landschaft zwischen Schwäbischer und Fränkischer Alb. Es entstand ein Riesenkrater – das heutige Nördlinger Ries, in dessen Mitte eine ebenso runde, von einer gut erhaltenen Stadtmauer beringte Bilderbuchstadt des Mittelalters liegt, schön anzuschauen und voller Leben.

Den Marktbrunnen von Wemding krönt eine Marienfigur – unten die typischen Fuchsien

01

02

Stadtluft macht frei! Dieses geflügelte Wort galt für die Nördlinger über Jahrhunderte, in denen sie sich als Reichsstädter nur dem Kaiser verpflichtet fühlten.

Wer oben auf dem etwa 90 Meter hohen Turm der St.-Georgs-Kirche mitten in Nördlingen steht und hinunterschaut, hat die fast kreisrunde Stadtmauer im Blick. Die Diagonale der historischen Innenstadt, in der heute etwa 3200 Menschen leben, misst rund einen Kilometer – einen Kilometer Durchmesser hatte auch der Meteorit, der vor 15 Millionen Jahren das Nördlinger Ries formte. Wer von dem „Daniel", wie der Kirchturm von den Einheimischen genannt wird, auf die roten Dächer und vielen Fachwerkhäuser schaut, erkennt die alte Struktur. Handwerker und Händler lebten hier, deren Blüte dank einer gut besuchten Pfingstmesse vom 14. Jahrhundert bis in die Zeiten des Dreißigjährigen Kriegs reichte.

Nur wenige Städte lassen sich wie Nördlingen auf einem Wehrgang umrunden – genau 2632 Meter sind es hier. Alle, die einstmals ein eigenes Haus wollten, aber nicht so viel Geld hatten, bauten an die Stadtmauer. Die „Kasarmen", Häuschen an der Mauer, sind heute noch bewohnt. Drinnen ist es allerdings ziemlich eng. Seinerzeit mussten die Familien ihr Domizil räumen, wenn der Feind kam, denn dann zogen Soldaten ein.

Wichtige Handelsgüter auf der Pfingstmesse waren neben von weither herangeschafften Waren und Luxusgütern wie Salz, Gewürze und Korallen regionale Produkte wie Lodenstoffe und Leder – schließlich ist es zu traditionell von Schafherden beweideten Höhen nicht weit. Wer durch die Stadt schlendert, findet noch viele Relikte dieser Handwerkerzeit, als sich die Gerber beispielsweise nahe dem die Stadt streifenden Flüsschen Eger niederließen, denn sie brauchten viel Wasser, um die Tierhäute einzuweichen. Und die Lohegruben stanken erbärmlich. Die Tierfelle wurden mit Eichenrinde eingeweicht. Einst gab es 80 Gerbermeister. Einige der Häuser sind restauriert und entlang der Eger zu betrachten.

Überraschungsbesuch aus dem All

Er war schnell – etwa 70 000 Stundenkilometer. Und er war groß – etwa einen Kilometer Durchmesser hatte der ungebetene Gast aus dem All. Etwa einen Kilometer tief bohrte sich das glühende Gestein ins kristalline Grundgebirge zwischen Schwäbischer und Fränkischer Alb. So entstand das etwa 24 Kilometer weite Becken des Nördlinger Ries'. Verteilt man die gesamte bisherige Erdgeschichte auf 365 Tage, trat die „Katastrophe" am 30. Dezember etwa gegen 19 Uhr ein.

In Sekundenbruchteilen wurde eine Energie freigesetzt, die der von 250 000 Hiroshima-Atombomben entsprach. Zwei bis drei

01 *Nördlingen zu Füßen: Blick vom „Daniel" auf das Deininger Tor aus dem 17. Jahrhundert*
02 *Welche andere Stadt außer Nördlingen lässt sich auf einer Stadtmauer umrunden?*

03 *An die Nördlinger Stadtmauer geduckt, sind die „Kasarmen" gut zu erkennen*
04 *Wenn es in Nördlingen an einem nicht mangelt, so sind es Straßencafés und Wirtshäuser*

01

02

SPECIAL Christine Luise

Eine „Großmutter Europas“

Ohne Oettingen wäre in Europa vieles anders gelaufen. Denn aus dem bayerisch-schwäbischen Städtchen kam eine „Großmutter Europas“.

Die Fürstenfamilie derer zu Oettingen, die 1141 dort ihren Sitz einrichtete, spaltete sich in viele Linien und wusste dynastisch sinnvoll zu heiraten. Das diesbezüglich bedeutendste Mitglied zeigt ein Porträt im Residenzschloss Oettingen: Herzogin Christine Luise von Braunschweig-Wolfenbüttel, Prinzessin zu Oettingen-Oettingen (1671–1747), stammen von ihr doch viele Herrscher ab. Ein Ausschnitt: Tochter Charlotte Christine heiratete 1712 den russischen Thronfolger Alexej, Sohn Zar Peters des Großen. Tochter Antoinette Amalie heiratete 1712 ihren Onkel, Herzog Ferdinand Albrecht II. von Braunschweig – deren eine Tochter, Elisabeth Christine, 1733 Gemahlin Friedrichs des Großen wurde; Elisabeth Christines jüngere Schwestern heirateten August Wilhelm von Preußen (1742) bzw. Frederik V. von Dänemark und Norwegen (1752). Christine Luises Tochter Elisabeth Christine war als Gemahlin des Habsburgers Karl VI. römisch-deutsche Kaiserin und Mutter der späteren Kaiserin Maria Theresia.

Kubikkilometer Gestein verdampften, und im Umkreis von etwa 100 Kilometern war jegliche Form von Leben ausgelöscht. Nach zwei Minuten fiel die entstandene Glutwolke in sich zusammen. Ein heißes Gemenge flüssiger und fester Stoffe sackte in den etwa 500 Meter tiefen Krater zurück, der sich nach einer Abkühlungsphase mit Wasser füllte. Millionen Jahre später verlandete der riesige See schließlich, Erosionskräfte füllten ihn mit heute landwirtschaftlich nutzbaren Sedimenten.

Das unter diesen extremen Bedingungen gebildete neue Gestein wird „Suevit“ genannt. Suevia ist der lateinische Name für Schwaben. Als Baustein wird der Suevit später auch Trass genannt. Er ist leicht und deshalb begehrt. Glasähnliche Streifen darin nennen die Nördlinger „Flädle“. Das größte Bauwerk, das die Menschen aus dem Suevit errichteten, war die Georgskirche in Nördlingen. Es ist ein Baustoff, der erst mit dem Einschlag eines Meteoriten entstand, und als solcher einmalig auf der Welt.

Mondlandschaft Ries

Erst 1961 fanden die beiden amerikanischen Geologen Eugene Shoemaker und Edward Chao die Bestätigung für ihre Impakttheorie, also dafür, dass das Ries tatsächlich durch einen Meteoriteneinschlag entstanden ist. Vorher glaubte man an einen Vulkanausbruch als Ursache. Der wissenschaftlich gesicherte Einschlag eines außerirdischen Objektes lockte auch die späteren Apollo-Astronauten an. Sie kamen nach Nördlingen, um das einzigartige Gestein, den Suevit, unter die Lupe zu nehmen. Denn nichts anderes erwartete sie auf dem Mond, der von Meteoritenkratern übersät ist. Alle von den Apollo-Missionen 14 bis 17 zurückgebrachten Gesteine sind Impaktbreccien genannte Trümmergesteine, die dank der Erkenntnisse aus dem Ries bestimmt werden konnten. Im Rieskrater-Museum ist ein Stück dieses Mondgesteins zu bewundern: Es wird für die Nachwelt unter Glas und in Stickstoffgas erhalten.

Und für diejenigen Besucher, die immer etwas Nervenkitzel brauchen, hält das Museum noch ein Planspiel bereit – es zeigt, dass ein Meteorit mit zehn Kilometern Durchmesser ganz Europa vernichten würde.

Woher stammt der Name?

Eine Frage bleibt noch für viele Besucher dieser geologischen Besonderheit: Wie kam es zu dem merkwürdigen Namen Ries? Dafür sind einmal mehr die Römer verantwortlich. Das Wort Ries entspricht dem über Jahrhunderte sprachlich verschliffenen

01 *So wohnt man in Fürstenkreisen: Wallersteins Neues Schloss*
02 *Gediegenen bürgerlichen Wohlstand spiegeln die Fassaden von Oettingens Marktplatz*
03 *Unberechenbaren Geißeln des Lebens versuchten die Menschen einst mit Gläubigkeit zu begegnen: Detail der Pestsäule von Wallerstein*
04 *Burgruinen rundum: Bopfingens Ruine Flochberg*

01

02

SPECIAL Leonhart Fuchs

„Verfuchstes" Wemding

Wer kennt sie heutzutage nicht, die Fuchsie?

Blumenfreunde werden Wemding schätzen. Denn das Städtchen ist das Zentrum der Fuchsie.
Jedes Jahr wird vor dem Geburtshaus des Botanikers Leonhart Fuchs (1501–1566) eine mehr als fünf Meter hohe und fast 3,5 Meter breite Fuchsienpyramide aufgebaut – 140 Blumenkästen sind dazu notwendig. Der Arzt und Botaniker Leonhart Fuchs gilt als einer der „Väter" europäischer Pflanzenkunde und schrieb die ersten deutschsprachigen Kräuterbücher. 1696 wurde ihm zu Ehren ein im heutigen Haiti entdecktes Nachtkerzengewächs Fuchsie benannt. Der langjährige Medizinprofessor in Tübingen hat die dekorative und beliebte Zierpflanze also nie selbst kennengelernt.

Wort Raetia. So hatten die Römer ihre unruhige Nordprovinz genannt, die man am bequemsten von Westen aus betrat – durch das Ries eben.

Bopfingen gräbt nach Keltischem

Deutlich älter ist der aus dem Erdzeitalter Jura stammende Ipf: Das ist ein 668 Meter hoher Berg nördlich von Bopfingen, der oben ganz flach ist. Auf dem Gipfelplateau mit etwa 185 Metern Durchmesser stand einst ein frühkeltischer Fürstensitz aus dem 6. und 5. Jahrhundert vor Christus. Luftaufnahmen von 1998 und Bodenfunde bestätigten dies – was zu tiefer gehenden Grabungen Anlass gab. Mitarbeiter der Universität Frankfurt sieben und pinseln nun im freigelegten Untergrund, um nach Relikten der Keltenzeit Ausschau zu halten. Wegen der Erzvorkommen war die Gegend für die für ihre ausgefeilte Metallverarbeitung bekannten Kelten bedeutend. Griechische Amphoren und Keramik aus Athen kamen schon zum Vorschein, was auf weitreichende Handelsbeziehungen schließen lässt. Später, in römischer Zeit stand auf dem Ipf das Kastell Oberdorf. Unten am Berg ist in alter Bauweise ein Ipf-Pavillon mit Schautafeln für jeden zugänglich.

Wer sich nach dieser Kletterei und ganzen Theorie nach etwas Habhaftem sehnt, sollte „Bopfinger Ipfle" probieren – Pralinen mit Marzipan, Nüssen und Zartbitterschokolade. Und ist man schon bei diesem Thema, sind die berühmten örtlichen „Rosetti-Pralinen" nicht weit, benannt nach Antonio Rosetti, der 1773 bis 1789 auf Schloss Baldern Kapellmeister des Fürsten zu Oettingen-Wallerstein war und später am Hof Friedrich Franz I. von Mecklenburg-Schwerin in Ludwigslust.

01 *Hinter den stattlichen Marktplatzfassaden Wemdings ragt die Kirche St. Emmeram auf*
02 *Etwas außerhalb Wemdings gelegen, ist Maria Brünnlein alljährlich Wallfahrtsziel Tausender*
03 *Nur anderthalb Meter breit und neun Meter lang: das Geburtshaus von Leonhart Fuchs*
04 *Die jahrhundertealte Harburg in Schwaben bietet ein eindrucksvolles Burgerlebnis*

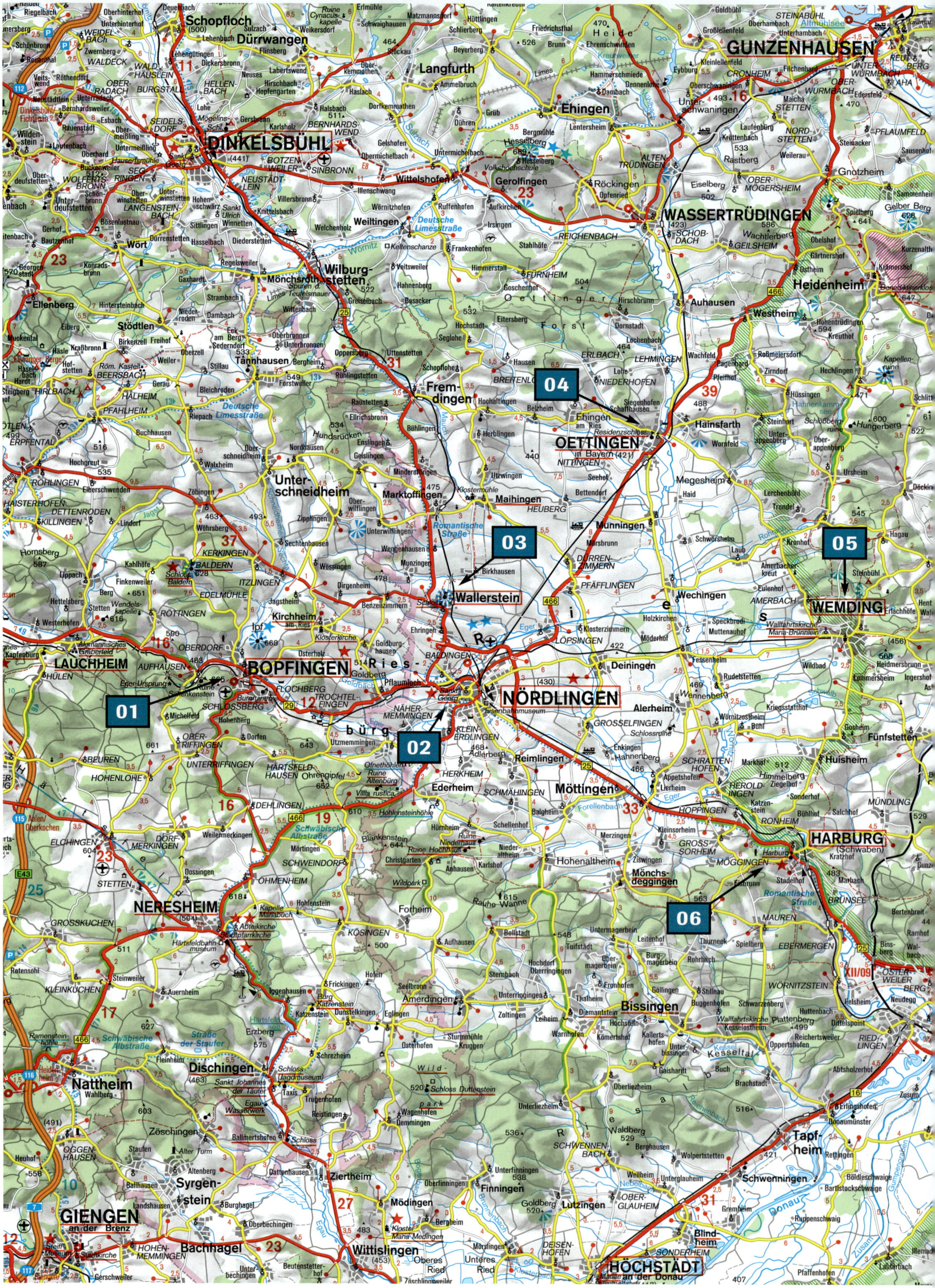

01
02
03
04
05
06
Schopfloch
Dürrwangen
Langfurth
GUNZENHAUSEN
Ehingen
DINKELSBÜHL
Gerolfingen
WASSERTRÜDINGEN
Wört
Weiltingen
Wilburgstetten
Heidenheim
Auhausen
Westheim
Ellenberg
Stödtlen
Tannhausen
Fremdingen
OETTINGEN in Bayern
Hainsfarth
Unterschneidheim
Marktoffingen
Maihingen
Munningen
Wallerstein
Wechingen
WEMDING
Kirchheim am Ries
LAUCHHEIM
BOPFINGEN
NÖRDLINGEN
Deiningen
Alerheim
Reimlingen
Möttingen
Ederheim
HARBURG (Schwaben)
Hohenaltheim
Mönchsdeggingen
NERESHEIM
Bissingen
Dischingen
Nattheim
Syrgenstein
Ziertheim
Mödingen
Finningen
Lutzingen
Tapfheim
Schwenningen
Blindheim
GIENGEN an der Brenz
Bachhagel
Wittislingen
HÖCHSTÄDT an der Donau
Deutsche Limesstraße
Romantische Straße
Schwäbische Albstraße
Straße der Staufer
Ries
Oettinger Forst
Donau
Wörnitz

Im kosmischen Kessel

Es nennt sich Ferienland Donau-Ries und hat viel zu bieten. Historische Städtebilder, eine flache Landschaft zum Radeln, Funde aus der Keltenzeit und alles, was mit dem Meteoriteneinschlag vor 15 Millionen Jahren zu tun hat. Dann gibt es da noch den Türmer, der abends vom Nördlinger Kirchturm ruft.

01 BOPFINGEN

Die baden-württembergische Kleinstadt (12 500 Einw.) zeigt rund um den Marktplatz viel Sehenswertes. Von frühester Besiedlung berichtet der Hausberg Ipf. Um 500 ersetzte eine alemannische Siedlung das römische Kastell Opie, die 1153 Stadt und von 1241 bis 1802 Freie Reichsstadt war.

SEHENSWERT Der frühkeltische Fürstensitz auf dem **Ipf** **TOPZIEL** (nördl.) kann jederzeit besichtigt werden. Am Fuß steht ein frei zugänglicher Infopavillon (Informationen auch auf www.fuerstensitze.de). Ein mächtiger Renaissancebau von 1586 ist das **Alte Rathaus.** Der **Hänlesturm**

Schlicht, aber geologisch hochinteressant: Suevit

und die Reste der **Stadtmauer** sind rund 600 Jahre alt. Nordw. liegt das burgartige **Schloss Baldern** (Urspr. 11. Jh.) auf einer Bergkuppe; es erhielt sein Aussehen bis 1737 und ist heute Schlossmuseum mit adeliger Wohnkultur und einer herausragenden Waffensammlung (Biergarten und Schlossschenke, www.schlossbaldern.de; Mitte März–Okt. Di.–So. 9.00–17.00 Uhr).

MUSEEN In einem der schönsten Fachwerkhäuser der Stadt (1505), in dem einst alte Menschen gepflegt wurden, zeigt das **Museum im Seelhaus** Regionalgeschichte (Spitalplatz 1; März–Okt. Di.–Fr. 14.00–16.00, Sa. So. und Fei. 14.00–17.00, sonst Sa., So. und Fei. 14.00 bis 17.00 Uhr). Die **Kräuterkammer** von 1720 der Reichsstadt-Apotheke war eine der ältesten der Stadt (Hauptstraße 8; Mo.–Fr. 9.00–12.00 und 14.00–18.00 Uhr).

VERANSTALTUNG Die **Ipf-Messe,** ein am ersten Juli-Wochenende begangenes großes Volksfest, wurde erstmals 1811 anlässlich des Besuchs König Friedrichs I. von Württemberg veranstaltet.

INFORMATION
Stadtverwaltung oder Fremdenverkehrsverein Ries-Ostalb, Marktplatz 1 73438 Bopfingen
Tel. 07362/8010, Fax 07362/80150
www.bopfingen.de

02 NÖRDLINGEN

Viele Sehenswürdigkeiten und das mittelalterliche Erscheinungsbild machen Nördlingen (20 000 Einw.) zu einem touristischen Ziel ersten Ranges. Die schon 1215 Freie Reichsstadt (898 erstmals erwähnt) hatte ihre Blütezeit als Handelsplatz vom 14. bis zum 16. Jh. Das Rathaus, die mächtigen Fachwerkbauten und die Stadtmauer stammen aus jenen Zeiten. Während des Dreißigjährigen Krieges sank die Einwohnerzahl von 8790 auf 4350. Jahrhunderte verblieb Nördlingen in Bedeutungslosigkeit, da sich der Handel andere Zentren suchte. Erst 1939 lebten wieder rund 8800 Bürger in der Stadt, die 1802 ihren Reichsstadtstatus verloren hatte. Am 3. Nov. 1945 wurde in Nördlingen die Fußballlegende Gerd Müller geboren (Berger Straße 4); der „Bomber" schoss als Stürmer der deutschen Nationalmannschaft in 62 Spielen 68 Tore.

SEHENSWERT Das gesamte **Stadtbild** innerhalb der Stadtmauer ist mittelalterlich geprägt. Es gibt nicht nur einen Marktplatz, sondern viele kleinere, einstigen Erwerbsgruppen zugeordnete Plätze (Wein-, Obst- und Schäfflesmarkt). Die **Stadtmauer** (14. Jh.) ist rundum begehbar und umfasst elf Türme, fünf Tore und die Freilichtbühne „Alte Bastei". Besucher können einem Rundgang folgen (silberfarbene Schilder) oder sich an der Touristinformation einer Führung anschließen (Ostern–Okt. tgl. 14.00 und Mitte Mai–Mitte Sept. tgl. auch 20.30 Uhr.). Außer den **Gerberhäusern** entlang der Eger sind am Marktplatz das **Brot- und Tanzhaus** (um 1450), das **Rathaus** mit Renaissance-Freitreppe (um 1500), das **Leihhaus** (1522; Touristinformation) und die **St.-Georgs-Kirche** (1427–1505) sehenswert; der Glockenturm dieser spätgotischen Hallenkirche kann bestiegen werden („Daniel", 350 Stufen).

MUSEEN Das in Deutschland einzigartige Naturphänomen eines Meteoriteneinschlags wird im **Rieskrater-Museum,** einem Museum von europäischem Rang, anschaulich präsentiert (Eugene-Shoemaker-Platz 1, www.rieskratermuseum.noerdlingen.de; Mai–Okt. Di.–So. 10.00–16.30, sonst Di. bis So. 10.00–12.00 und 13.30–16.30 Uhr). Das **Stadtmuseum** im ehem. Spital (15. und 16. Jh.) zeigt Stadtgeschichte mit Zunft und Handel, Tafelgemälden und Funde aus den Ofnet-Höhlen, einem bereits vorgeschichtlichen Siedlungsplatz

Tipp

So G'sell so!

Einmalig in Deutschland: Jeden Abend von 22.00 Uhr bis Mitternacht ruft jede halbe Stunde oben vom „Daniel", dem 90 m hohen Glockenturm der St.-Georgs-Kirche, ein Türmer den historischen Warnruf an die Wachen „So G'sell so". Er ist in der gesamten Altstadt zu hören. Die Stadt beschäftigt zwei hauptamtliche und zwei nebenamtliche Türmer, die bei ihrem Dienst oben im Turm übernachten. Es war 1440, als eine Webersfrau zum offen stehenden Löpsinger Tor kam – eine Todsünde für den Torwächter (Foto: Berger Tor von 1436). Dem rief die Frau ihr „So G'sell so" zu, was in etwa bedeutet: So, so Ihr Gesellen, das nennt Ihr verschlossen? Sie vereitelte damit einen Überfall, denn der Torwächter war bestochen worden, um Graf Hans von Wallerstein die Eroberung der Stadt zu ermöglichen. Seither dient dieser Spruch Türmern und Wächtern an den fünf Stadttoren als Wachruf.

Tipp

Freizeit unter Dampf

Im Nördlinger Eisenbahnmuseum warten in einem alten Depot und davor mehr als 100 Originalfahrzeuge. Einige sind fahrtüchtig und werden zu besonderen Anlässen gezeigt. Auch die „Füssen", älteste betriebsfähige Normalspurlok von 1889, ist im Bestand. In dem 1969 gegründeten Verein mit 700 Mitgliedern werden nicht nur alte Loks restauriert, sondern auch Lokführer und Rangierleiter oder Heizer ausgebildet. Es fahren auch Museumszüge.

Bayerisches Eisenbahnmuseum, Am Hohen Weg 6a, Tel. 09083/340, www.bayerisches-eisenbahnmuseum.de; Mai–Sept. Di.–Sa. 12.00–16.00, So. und Fei. 10.00–17.00, März, April und Okt. Sa. 12.00–16.00, So. und Fei. 10.00–17.00 Uhr

(Vordere Gerbergasse 1, www.stadtmuseum-noerdlingen.de; April–Okt. Di.–So. 13.30–16.30 Uhr). Im **Stadtmauermuseum** im Löpsinger Torturm (1379) wird Wehrkunde mit Schautafeln, Uniformen und einer Zinnsoldatensammlung betrieben (Löpsinger Tor; April–Okt. tgl. 10.00–16.30 Uhr). Der **„augenblick"** bietet optische und akustische Attraktionen aus dem Zeitalter vor der heutigen Mediengesellschaft (Pfarrgasse 2, www.musicamagica.de; Fr.–So. 15.00–17.00 Uhr, Anmeldung erbeten unter Tel. 09081/28183).

VERANSTALTUNGEN Beim **Stabenfest** am ersten Mo. nach Muttertag laufen die Schulkinder mit einem Umzug durch die Gassen. Die **Nördlinger Mess'** ist heutzutage ein großes Volksfest im Mai. Alle drei Jahre feiert die Stadt im Sept. das **Historische Stadtmauerfest;** dann marschieren rund 2500 Einw. in historischen Gewändern (Männer lassen sich Bärte wachsen) durch die Stadt, führen Musik und Tanz auf, viele Gruppen, Fuhrwerke und Gespanne ziehen durch die Gassen (wieder 2010). Stimmungsvoll ist der **Weihnachtsmarkt** mit Dutzenden Marktbuden.

UMGEBUNG Eintägige **Riesrundfahrten** im Bus mit sachkundiger Leitung führen zu den Klöstern im Nord-Ries, nach Oettingen und Wemding, zum frühkeltischen Fürstensitz Ipf und Bopfingen oder zur Burg Katzenstein im Kartäusertal (Auskunft bei Touristinformation).
Der **Geopark Ries** ist der erste nationale Geopark Bayerns und zeigt die geologischen und landschaftlichen Besonderheiten dieser Region; Besucher stehen die Infozentren in Nördlingen (Vordere Gerbergasse 3, nahe Rieskrater-Museum), im Rathaus Oettingen sowie im Schloss Treuchtlingen offen (www.geopark-ries.de).

INFORMATION

Touristinformation, Marktplatz 2
86720 Nördlingen, Tel. 09081/84116
Fax 09081/84113, www.noerdlingen.de

03 WALLERSTEIN

Auf einem 65 m hohen Burgfelsen nördlich von Nördlingen liegt der Markt Wallerstein (3500 Einw.). Die Burg war Mittelpunkt der staufischen Regentschaft im Ries und Besitz Kaiser Friedrichs I. Barbarossa. 1250 gingen Burg und Dorf an das Fürstenhaus Oettingen über und wurden im 17. Jh. Residenz des Wallersteiner Zweigs der Familie (bis 1806), die in der Region noch weitere Burgen ihr Eigen nennt.

Uralter Siedlungsplatz: Ofnet-Höhlen im Riesrand bei Nördlingen

SEHENSWERT **Schloss Wallerstein** wurde im 19. Jh. umgestaltet und ist als Sitz der fürstlichen Familie nicht zu besichtigen. Dagegen ist ein Besuch des Wallersteiner Brauhauses (seit 1598) ganzjährig möglich (Tel. 09081/782201, www.fuerst-wallerstein.de).

INFORMATION

Markt Wallerstein, Weinstraße 19
86757 Wallerstein, Tel. 09081/27600
Fax 09081/2760-20, www.markt-wallerstein.de

04 OETTINGEN

Das Zentrum des einstigen gleichnamigen Fürstentums (5200 Einw.) bezieht seine Attraktivität aus der Residenzarchitektur. 822 erstmals erwähnt, wurde die Stadt 1141 Sitz der Grafen von Oettingen. Nach der Reformation spaltete sich die protestantische Linie Oettingen-Oettingen ab, und die Stadt wurde konfessionell geteilt. 1731 starb die evangelische Linie aus, und der Besitz liegt seither bei der Linie Spielberg.

SEHENSWERT Zentral liegt das fürstliche **Residenzschloss,** 1679–1687 erbaut und mit Stuckaturen von Mathias Schmuzer aus Wessobrunn geschmückt, mit Orangerie (1726) und englischem Park (Schlossstraße 1, www.oettingen-spielberg.de; Palmsonntag–Allerheiligen Di.–So. Führungen um 14.00, So. und Fei. 11.00, 14.00, 15.00 und 16.00 Uhr). Fachwerk- und barocke Bauten (16.–18. Jh), darunter das stattliche **Rathaus** (15. und 17. Jh.), säumen den **Marktplatz**.

MUSEEN Das **Heimatmuseum** bietet Stadtgeschichte (Hofgasse 14, www.heimatmuseum-oettingen.de; Mi.–So. 14.00–17.00 Uhr). Das **Völkerkundemuseum** ist Zweigstelle des Staatlichen Museums für Völkerkunde München und zeigt im Schloss wechselnde Ausstellungen (Schlossstraße 1, www.voelkerkundemuseum.oettingen.de; Di.–So. 11.00–17.00 Uhr).

Burg Harburg zeigt sich gern gastlich

AKTIVITÄTEN Erholung verschafft das einzigartige **Naturflussbad** auf der Wörnitzinsel mit weiten Liegewiesen, Boule, Minigolf, Spielplatz, Kahnverleih und Wildgehege.

VERANSTALTUNGEN In geraden Jahren findet Anf. Mai der **Historische Markt** mit Viehmarkt, Musik, Spiel und Handwerkskunst statt, Die **Jakobi-Kirchweih** am letzten Juli-Wochenende bietet vier Tage lang Festzelt und Vergnügungspark. Künstler und Ensembles von internationalem Rang bringen bei den **Oettinger Residenz-Konzerten** klassische Musik zur Aufführung; dafür wird der von drei Seiten lichtdurchflutete Festsaal des Residenzschlosses geöffnet (Karten beim Verkehrsamt und unter www.oettinger-schlosskonzerte.de).

INFORMATION
Verkehrsamt, Schlossstraße 36
86732 Oettingen, Tel. 09082/70951
Fax 09082/70988, www.oettingen.de

05 WEMDING

Die ähnlich Nördlingen kreisrunde 6600-Einw.-Stadt am Ries-Rand hat einen reizvollen Marktplatz. Im Mittelalter kirchlicher Besitz, wurde Wemding 1343 durch die Grafen von Oettingen zur Stadt erhoben.

SEHENSWERT Am Marktplatz stehen das (private) **Geburtshaus** des Botanikers Leonhart Fuchs (1501–1566; s. Special auf S. 61) und das historische **Rathaus** von 1552. Interessant sind auch die 65 m aufragende **Pfarrkirche St. Emmeram** (Uspr. 11. Jh.) und die vielen **Stadttürme** aus dem 14. Jh.; der Folterturm erinnert an das unrühmliche Kapitel der Hexenprozesse. Die **Wemdinger Zeitpyramide** entsteht außerhalb Wemdings „auf der Platte" (weite Sicht ins Ries) und wurde 1993 begonnen. Alle zehn Jahre kommt ein weiterer Steinquader hinzu – 2013 wird also ein dritter Betonstein aus Harburg gesetzt. 120 Quader sind geplant.

MUSEEN Moderner Kunst widmet sich das **KunstMuseum Donau-Ries** (Jahnstraße 1, www.kunstmuseum-donauries.de; So. 14.30 bis 16.30 Uhr). Das **Heimatmuseum** im Haus des Gastes (Zeiten durch Verkehrsamt) erinnert an Vergangenes und zeigt ein Modell der Wemdinger Zeitpyramide.

AKTIVITÄTEN Der **Waldsee Wemding** bietet Strandbad, Riesenrutsche, Bootsverleih, Sauna, Wandern und Radeln.

VERANSTALTUNGEN Unterschiedlichste **Musik am Marktplatz** von Mai bis August (So.). Mit dem **Kräuter- und Fuchsienmarkt** wird an den Botaniker Leonhart Fuchs erinnert (Ende Mai/Anf. Juni).

UMGEBUNG Die **Wallfahrtsbasilika Maria Brünnlein** (um 1750) auf einer Anhöhe westl. Wemding gehört zum Bistum Eichstätt. Sie wurde restauriert und zieht jedes Jahr rund 200 000 Pilger an. Sie ist nach Altötting die bedeutendste Marienwallfahrt in Bayern und erhielt 1998 von Papst Johannes Paul II. den Ehrentitel Basilica minor (tgl. 8.00–20.00 Uhr).

INFORMATION
Verkehrsamt, Haus des Gastes
86650 Wemding, Tel. 09092/8222
Fax 09092/90158, www.wemding.de

06 HARBURG

Der 5600-Einw.-Ort „klebt" zwischen dem Fluss Wörnitz und dem Felsen mit der Harburg. Die Stadt entstand unterhalb der Burg, einer der ältesten Deutschlands.

SEHENSWERT Die **Steinerne Brücke** überspannt seit 1729 die Wörnitz. Den **Marktplatz** mit Brunnen (1893) umschließen stattliche Häuser. Die **Harburg** **TOPZIEL** (Urspr. 11./12. Jh.) ist mit barocker Schlosskirche St. Michael (1721), Wehrgang (15./16. Jh.), Festsälen (18. Jh.), Gefängniszellen und Burgschenke (Restaurant und Hotel) nicht nur geografisch ein Höhepunkt. (www.fuerst-wallerstein.de, Tel. 09080/96860; Führungen, Mitte März–Okt. Di.–So. 10.00–17.00 Uhr).

INFORMATION
Städtisches Verkehrsamt, Schlossstraße 1
86655 Harburg, Tel. 09003/96990, Fax
09003/969930, www.stadt-harburg-schwaben.de

Nicht versäumen!

ERLEBEN

Reise zu den Kelten
Der keltische Fürstensitz Ipf bei Bopfingen ist für jedes Wetter gut. Die Terrassen hinauf zum Hügelplateau lassen sich leicht erwandern. Man kann bei den Ausgrabungen zusehen oder sich unten im Pavillon informieren.

TOPZIEL Siehe Nr. 01

AKTIV

Meteoritenspiele
Das Rieskrater-Museum in Nördlingen ist so anschaulich gestaltet, dass auch Kinder daran Gefallen finden. Es geht um Planeten, Meteoriten und ihre Krater. Etwas Mondgestein ist hinter Glas zu bewundern.

Siehe Nr. 02

ERLEBEN

Erlebnisse für einen „augenblick"
Mit Hilfe einer Laterna Magica versetzt das Nördlinger Museum für optische und akustische Attraktionen Große und Kleine in Phantasiewelten – projizierte Reiseabenteuer, ein Geisterpianist oder die Anfänge der Mediengesellschaft.

Siehe Nr. 02

NATUR

Familientage am Waldsee
Wer etwas Sportliches für die ganze Familie sucht, ist am Wemdinger Waldsee richtig. Hier gibt es einen großen Naturteich, Rutschen, Boote, Spielplätze, Sauna, Radeln, und für diejenigen, die nicht mehr weg wollen, Camping.

Siehe Nr. 05

KULTUR

Burg mit Weitblick
Die Burganlage Harburg oberhalb des Städtchens Harburg in Schwaben bietet bei einem Rundgang alle Zutaten aus Kultur, Geschichte und Religion. Und in der Umgebung lässt es sich mit Weitblick wandern.

TOPZIEL Siehe Nr. 06

Eichstätt
die vielschichtige Altmühlstadt

Die gastliche Seite.

Hotel ADLER★★★ SUPERIOR
Entspannen und erholen im histor. Barockhotel. Alle Zimmer mit Bad/Du/WC, Telefon, Radio, Kabel-TV, Minibar, Sitzecke, – Wanderwirt – fahrradfreundlich – Nichtraucherhotel. Goldene Umweltmedaille.
Marktplatz 22, Tel. 08421/6767
www.adler-eichstaett.de

Brau- & Radler Gasthof TROMPETE
Schöne Gästezimmer, Biergarten – Sonnenterrasse – Bar, Bayerische & mediterrane Küche, Zentrale Lage – Fahrradkeller, *Ideal für Radler und Wanderer*
Ostenstraße 3, Tel. 08421/98170
www.braugasthof-trompete.de

Restaurant-Café im PARADEIS
Genuss im historischen Ambiente. Direkt am Marktplatz (160 Plätze) mit herrlicher Sommerterrasse (180 Plätze). Reichhaltiges Frühstücksangebot, reg. Küche, Kaffee-& Eisspezialitäten, Räume f. Feiern aller Art. Tägl. geöffnet - durchgehend warme Küche.
Am Marktplatz, Tel. 08421/3313
www.cafe-im-paradeis.de

Gasthof RATSKELLER
Sehr ruhige, komfortable Gästezimmer, gutbürgerliche Küche, freundlicher Biergarten, Unterstellmöglichkeit für Fahrräder und Boote.
Kardinal-Preysing-Platz 8 und 10
Tel. 08421/901258
www.ratskeller-eichstaett.de

Gasthof – Hotel★★★ Hirschenwirt
Wirtsmetzgerei, Bayerische Küche, gemütlicher Biergarten, moderne Gästezimmer, Konferenzräume, Frühstücksbuffet, Garagen.
Brückenstraße 9, Tel. 08421/9680
www.hirschenwirt.de
info@hirschenwirt.de

Gasthof SONNE★★ SUP.
Bayerische Küche.
Ruhige Gästezimmer mit Dusche, WC, Telefon, Kabel-TV, größtenteils Balkon. Eigener Parkplatz am Haus.
Buchtal 17, Tel. 08421/6791
www.sonne-eichstaett.de

Hotel garni ★★★ Café – Konditorei FUCHS
Eig. Konditorei, Gartencafé, Gästezimmer mit DU/WC, Tel., Kabel-TV, Lift, reichhaltiges Frühstücksbüffet, Unterstellmöglichkeit für Fahrräder und Boote, zentrale Lage.
Ostenstraße 8, Tel. 08421/4798,
Fax 08421/80117, www.hotel-fuchs.de

PIZZERIA ROMA
Ital. Küche vom Feinsten. Pizza, Nudeln, Fisch- u. Fleischgerichte sowie versch. Salatvariationen. Auch Buffet für Gruppen bis zu 90 Pers. möglich. Parkplätze direkt vor dem Haus – auch für Busse geeignet.
Elias-Holl-Straße 3b, Tel. 08421/6195
www.pizzeria-roma.net

Waldgasthof ZUM GELÄNDER ★★★ SUPERIOR
Idyl. Lage, moderne Gästezimmer, reg.-fränkische Küche, Wildspezialitäten, Altmühltaler Lamm. Biergarten, Wildschein- u. Rehgehege, Naturerlebnispfad, Tiererlebniswelt (Zufahrt B13 EI-WUG).
Tel. 08421/6761
www.waldgasthof-gelaender.de

Tourist-Information Eichstätt
Domplatz 8, 85072 Eichstätt
Tel. 08421/6001-400, Fax 6001-408
tourismus@eichstaett.info
www.eichstaett.info

Hotel Dirsch

Hauptstr. 13 | 85135 Titting-Emsing | Tel. 08423/189-0
info@hotel-dirsch.de | www.hotel-dirsch.de

Wellness
TRÄUME, WIE AUS 1001 NACHT
Schwimmbad, Sauna- & Dampfbäderlandschaft auf 1000 m²

seit 20 Jahren – Urlaub pur mit
NATOUR®
Naturpark Altmühltal
Radwandern – Wandern - Bootwandern

Entdecken Sie auf herrlichen Touren die Schönheit des Naturpark Altmühltals. Vorgebuchte Übernachtungen mit Gepäcktransport sowie ausführliches Karten- und Informationsmaterial sind Grundlage unbeschwerter Urlaubstage. Als regionaler Reiseveranstalter vor Ort mit 20 Jahren Erfahrung schnürt NATOUR praktische Tourenpakete für individuelle Rad- und Wandertouren. Das Reiseprogramm von NATOUR ist kein starres Gerüst. Es darf, kann und soll Ihren Bedürfnissen angepasst werden. Denn Rad- und Wanderreisende sind Individualisten, genau wie wir....

NATOUR - Gänswirtshaus 12 - 91781 Weißenburg
Tel. 0 91 41 / 92 29-29 Fax 0 91 41 / 92 29-28 info@NATOUR.de www.NATOUR.de

Domschatz- und Diözesanmuseum Eichstätt

Residenzplatz 7
Das Museum am Dom, das historische Architektur und moderne Gestaltung miteinander verbindet. Exponate vom Mittelalter bis in die Gegenwart veranschaulichen die Geschichte des Christentums und der Frömmigkeit über einen Zeit raum von 1200 Jahren.

Postanschrift:
Domschatz- und Diözesanmuseum
Leonrodplatz 4, 85072 Eichstätt
Telefon 0 84 21 / 5 02 66
www.bistum-eichstaett.de/dioezesan-museum

Gemütlich einkehren und genießen

KLOSTERSCHENKE Weltenburg
Asamstraße 32
93309 Kelheim
Telefon 09441/6757-0
Telefax 09441/12621

www.klosterschenke-weltenburg.de

Im Freizeit-paradies

Von Weißenburg bis Beilngries – hier erleben Radfahrer, Wanderer und Kanufahrer die seit jeher bekannte liebliche Altmühl. Im Hinterland geht es ums Steineklopfen und eine Weltsensation, den Urvogel Archaeopteryx. Es werden aber auch Limes und Römerzeit wieder lebendig. Und Eichstätt ist allein schon als „Metropole" des Naturparks Altmühltal einen Besuch wert.

Flussschifffahrt wie einst: Heute werden auf dem König-Ludwig-Kanal Ausflügler getreidelt

01

02

03

Das barocke Ellingen aus der Zeit des Deutschen Ordens ist aus einem Guss – mit Schloss, Kirche, Park, Rathaus und Amtsgericht.

Die ersten namentlich bekannten Einwohner auf dem Gebiet des heuten Weißenburgs waren Mogetissa, seine Frau Verecunda und deren Tochter Matrulla. Damals gab es zwar noch kein Einwohnermeldeamt, aber als im Winter 1867 die ersten Eisenbahnschienen bei Weißenburg verlegt wurden, fanden die Arbeiter das in Blech gehauene Militärdiplom eines römischen Reitersoldaten von 107 nach Christus. Mogetissa, so hieß der Mann, wurde nach seinen 25 Dienstjahren ehrenvoll aus der Einheit Ala I Hispanorum Auriana entlassen. Meist waren die Männer dann Anfang 40 und durften nun endlich heiraten. Viele hatten zwar schon vorher eine Familie, aber die musste für sich unten im Dorf wohnen und durfte das Kastell nicht betreten. Viele Soldaten erhielten nach dem Militärdienst einen Hof als Abfindung und betrieben Ackerbau.

Weißenburg und die Römer, das ist eine enge Verbindung: Als die Bagger 1977 in der Nähe des Römerkastells Biriciana die Keller für eine Reihenhauszeile aushoben, kamen die Grundmauern einer Bäderanlage zum Vorschein. Die freigelegte Therme aus der Römerzeit gilt als eine der größten in Süddeutschland. Gefundene Haarnadeln und Spielsteine lassen recht genaue Rückschlüsse darauf zu, was in den Thermen vor sich ging. Sie dienten der Erholung, dem Sport, der Entspannung und der Unterhaltung, waren aber auch Ort medizinischer Pflege und eine Art Kantine. Kein Wunder, dass die Römer schon damals eine Lebenserwartung von 60 Jahren hatten – während sich die Bevölkerung jenseits des Limes glücklich schätzen konnte, wenn sie halb so alt wurde.

Römerschatz im Spargelacker

Es dauerte dann nur zwei Jahre, bis es den nächsten großen Fund gab: Ein Mann aus Weißenburg legte 1979 in seinem Spargelacker nur 40 Zentimeter unter der Erdoberfläche rund 150 Objekte aus der Zeit von 233 bis 259 nach Christus frei: Gesichtsmasken, ein Klappstuhl, Kochgeräte und vor allem Votivtäfelchen aus Silberblech. Auf denen sind römische Götter dargestellt, etwa Fortuna für das Kriegsglück oder Minerva als eine der drei Stadtgottheiten Roms. Diesen Göttinnen wandten sich die Soldaten mit all ihren Sorgen zu. Vermutlich war der „Weißenburger Römerschatz“ das Inventar eines Heiligtums und wurde vergraben, damit er nicht den immer wieder vorstoßenden Alemannen – was soviel wie „wahre Männer“ bedeutet – in die Hände fiel. Viele der Stücke sind von erstaunlich hoher Qualität, wovon sich jeder im Römermuseum von Weißenburg überzeugen kann.

01 *Im Haus der Einhorn-Apotheke befindet sich das Weißenburger Apothekenmuseum, das die Medizinherstellung im 19. Jahrhundert vorführt*

02 *Weißenburgs Zentrum um das gotische Rathaus wird oft als Festplatz genutzt*

03 *Ellingens barocke Residenz gilt als einer der herausragenden Schlossbauten Frankens*

01

02

03

Dienst am Rand der Welt

Das Wort Limes ist lateinisch und bezeichnete ursprünglich einen Grenzweg, später allgemein eine Grenze – quer durch Mitteleuropa von der Nordsee bis zur Donau. Oftmals war er nicht in erster Linie als Befestigung errichtet worden, sondern auch zur Kontrolle der Wirtschaftsströme.

Rekonstruiertes Kastell Biriciana bei Weißenburg

Bis zu 40 000 Mann waren es, die in den „barbarischen" Wäldern am Nordrand des Römischen Reiches stationiert waren – kurz nach der Zeitenwende hatten die Römer begonnen, ihr Einflussgebiet nördlich der Alpen auszudehnen und die Provinz Raetien mit dem Zentrum Augsburg zu gründen. Die Männer waren Bausoldaten, standen Wache, gingen Patrouille – und mussten untergebracht und verpflegt werden: Der Bau der Grenzanlagen war ein strategisch und logistisch aufwändiges Unternehmen. Eine standardisierte Bauweise für alle Vorposten des Römerreiches war eine Möglichkeit, den Aufwand überschaubarer zu halten – um 100 nach Christus wurde die „Bauanleitung" in die Trajanssäule eingemeißelt, noch heute in Rom zu bewundern. Anfänglich sicherten die Legionäre die schnurgerade Schneise des Limes mit Wachtürmen aus Holz und mit Palisadenzäunen; bis 200 wurden Türme und Kastelle durch steinerne Bauten ersetzt. Bei Pfünz erinnert das teilrekonstruierte Römerkastell „Vetoniana" an diese Zeiten, in Kipfenberg ein neu errichteter Limesabschnitt und in Weißenburg der Römerschatz im Museum. Wenige Jahrzehnte später begann das Römische Reich zu zerfallen. Allein in Raetien stritten drei lokale Herrscher um die Vormacht. Und zwischen 230 und 260 gelang es den Alamannen gar, die Römer ganz zu vertreiben. Doch Rom hatte längst zum Rückzug geblasen, seine Truppen wurden in Persien gebraucht. Mittlerweile gehört der Limes zum Unesco-Welterbe.

Bei Gunzenhausen ist dieser rekonstruierte Limesabschnitt zu finden

Rom, einmal ganz nah

Anschauungsunterricht zum Römerleben bieten auch Pfünz, Kipfenberg und Möckenlohe etwas weiter abwärts der Altmühl. Wer in Pfünz steht, die Augen schließt und etwas Phantasie entwickelt, hört das Getümmel der 500 Fußsoldaten und Reiter einer Kohorte, die dort stationiert war. Auf dem Kirchberg in Pfünz sind die wieder aufgebauten Teile eines 189 Meter langen und 145 Meter breiten Kastells zu sehen. Ein Modell der Anlage, die im Jahr 233 bei einem unerwarteten alemannischen Ansturm endgültig zerstört wurde, steht auf der Willibaldsburg in Eichstätt.

Die Römerzeit war für das südliche Franken eine prägende Epoche – und ist eine touristisch interessante.

Limesreste sind ganz in der Nähe von Pfünz im Wald zu sehen. Nördlich von Böhming führt der Altmühltal-Panoramaweg Eichstätt–Kipfenberg daran vorbei. Für alle, die sich „einschmecken" möchten, bietet der Gasthof „Römer Kastell" in Böhming ein paar römische Speisen an. Die Römer liebten viel Knoblauch, Oliven, Pfeffer, tranken Wein mit Wasser gemischt und füllten sich Essig ins Wasser. Das schmeckte dann frischer. Gleichzeitig desinfizierte es.

Wie eine römische Küche aussah und welche Tiere sich die damaligen Besitzer hielten, das zeigt ein originalgetreu nachgebauter Gutshof in Möckenlohe. Im dortigen römischen Haustierpark tummeln sich heute Wollschweine, Schwarznasenschafe, wallisische Ziegen, Langhornrinder und norwegische Fjordpferde, die den zur Römerzeit bekannten kleineren Pferderassen am nächsten kommen.

01 *Teilweise rekonstruiert: Römerkastell Vetoniana auf dem Michelsberg bei Pfünz*
02 *Therme statt Reihenhäuser: Gut ist in Weißenburg das Fußbodenheizungssystem zu erkennen*
03 *Luren-Töne erklingen beim historisch aufgezäumten Limesfest in Kipfenberg*

01

02

03

04

Für die einen ist Eichstätt architektonisch ein barockes Kleinod – andere sehen in der kleinen Universitätsstadt ein „deutsches Harvard".

Eichstätter Studier- und Lebenslust

Sie ist Europas kleinste Universitätsstadt, und sie ist stolz darauf. Studenten der Katholischen Universität beteuern immer wieder, wie gut behütet sie in der barocken Kleinstadt sind, wie günstig man dort leben kann und wie beneidenswert zielstrebig sie gut betreut ihre Studien voranbringen können. Auf eine Lehrperson kommen etwa 15 Studenten. 1980 hatte der heutige Papst als Erzbischof von München-Freising die beiden Hochschulen zu einer Universität zusammengeführt. Joseph Kardinal Ratzinger erhielt dafür die Ehrendoktorwürde. Heute sind 4874 Studenten eingeschrieben, 746 davon in der Fachhochschule. Acht Fakultäten bieten 40 Studienfächer an. Wirtschaftswissenschaften und Journalistik erreichen regelmäßig Spitzenwerte bei der Beurteilung. Es lassen sich aber auch Archäologie, Informatik oder Sport in Eichstätt studieren. Soziologen der Universität gehen in einer bundesweit beachteten Studie etwa Fragen nach wie dieser: Was Frauen sich von Männern wünschen und was Männer denken, dass Frauen von ihnen wollen.

Provinz? Nein, die sieht anders aus. Es sind nicht nur die vielen Touristen, die Schwung in das „bayerische Florenz" bringen. Die Stadt mit ihrer Mischung aus schwäbischen, fränkischen und altbayerischen Elementen offenbart Lebenslust. Wer sich einmal an einem Mittwoch- oder Samstagvormittag auf den Marktplatz stellt, wird das sofort spüren.

Bauten von internationalem Ruf

Eichstätt hat aber auch eine in anderer Weise repräsentative Seite: Nach den Zerstörungen im Dreißigjährigen Krieg ließen die Fürstbischöfe im 17. und 18. Jahrhundert geniale Baumeister wie den Graubündner Gabriel de Gabrieli und den Italiener Maurizio Pedetti ans Werk gehen. Der barocke Residenzplatz mit der Mariensäule zählt heute noch zu den architektonischen Glanzlichtern von europäischem Rang.

Die Fürstbischöfliche Residenz kann besichtigt werden, und der Dom mit seinem Kreuzgang, das Diözesanmuseum und die Gruftkapelle der hl. Walburga mit den Votivtafeln sind Stätten der Ehrfurcht und Besinnung. Auch das lieben Urlauber wie Studenten und andere Einheimische – abschalten hinter den dicken Mauern der Kirchen.

Geheimtipp Hahnenkamm

Wer in Treuchtlingen Erfrischung in der Altmühltherme gesucht hat, dem bieten sich zwei Weiterreisemöglichkeiten: Entweder er zieht gleich Richtung Osten ins

01 *Bestimmend flankiert die Fürstbischöfliche Residenz den Eichstätter Residenzplatz*
02 *Wenige Meter weiter nördlich liegt der von stattlichen Bürgerbauten umgebene Marktplatz*
03 *„Friede" und „Gerechtigkeit" im Deckenfresko des Spiegelsaals der Eichstätter Residenz*
04 *Die Schlossfestung Willibaldsburg wurde nach dem Bistumsgründer benannt*

01

02

03

Über ein Jahrtausend war Eichstätt ein geistliches Fürstentum – was sich in einer Vielzahl kirchlicher Bauten spiegelt.

01 *Vom gotischen Bauabschnitt des Eichstätter Doms blieb der kunstvolle Kreuzgang*
02 *1722 wurde die ehemalige Klosterkirche Notre Dame geweiht, ein Bau Gabriel de Gabrielis*
03 *Um 1165 wurde das Heilige Grab Christi aus Jerusalem in Eichstätt nachgebildet und überdauerte in der häufig umgebauten Kapuzinerkirche zum Heiligen Kreuz*

01

02

Der idyllisch gelegene Hahnenkammsee lässt sich wunderbar auf einem drei Kilometer langem Wanderweg umrunden.

Altmühltal oder er legt zunächst einen Abstecher nach Westen zum Hahnenkamm ein. Der Zug nach Westen gilt als Geheimtipp, jedenfalls unter Wanderern und Campern. Der 30 Kilometer lange Kalkrücken mit dem 689 Meter erreichenden Hesselberg als höchstem Punkt ist der nördliche Ausläufer der Frankenalb und von Wanderwegen durchzogen. Zusammen mit dem 1977 als Hochwasser-Rückhaltebecken angelegten Hahnenkammsee und dem durch seine über 800 Jahre alte romanische Klosterkirche bekannten Örtchen Heidenheim ergibt sich ein ansprechendes touristisches Terrain für alle, die abseits des Hauptstromes „schwimmen" wollen.

Das kleine Mittelgebirge Hahnenkamm gilt als Bayerns Sprachdreieck. Denn hier treffen Fränkisch, Schwäbisch und Bayerisch aufeinander.

Punkt auf der Weltkarte der Geschichte
Als eine Art Weltzentrum des Urvogels versteht sich Solnhofen, in einer Altmühlschleife etwas westlich von Eichstätt gelegen. Denn im dortigen Museum sind die Archaeopteryx-Exemplare Nummer sechs und neun zu bewundern. Ehrenbürger Friedrich Müller hatte seinen Urvogel, den er zunächst für einen Zwergdinosaurier hielt, der Gemeinde Solnhofen verkauft (Nr. 6). Das Exemplar wurde vom Freistaat Bayern in die Liste der nationalen Kulturgüter aufgenommen. Nummer neun kam 2004 von den Solnhofener Familien Ottmann und Steil hinzu. Zehn der Skelette dieses Urvogels wurden bisher gefunden. Das letzte tauchte jüngst und überraschend in einer Privatsammlung auf und wurde in die USA verkauft. Als „Thermopolis"-Exemplar schmückt es nun das Wyoming Dinosaur Center in Thermopolis.

01 *Das Volkskundemuseum von Treuchtlingen*
02 *Am Nordende des Hahnenkamms steht Burg Spielberg. Als Kunstmuseum zeigt der einstige Wehrbau heute Malerei und Plastik*
03 *In Treuchtlingens Altmühltherme*
04 *Dient dem Hochwasserschutz: Hahnenkammsee*

01

02

03

04

SPECIAL Paläonthologie

Kronzeuge der Evolution

Tropische Hitze, die Wellen des Urmittelmeers kräuselten sich, an den Ufern waren Reptilien unterwegs – so sah es vor 150 Millionen Jahren im heutigen Altmühltal aus. Die Felsengruppe Zwölf Apostel war ein Schwamm-Mikrobenriff, stand also unter Wasser. Die Alpen gab es noch nicht, und das Meer reichte von Mitteleuropa bis Afrika.

Als sich das Wasser etwas zurückzog, entstanden Wannen. In diesen Lagunen wurden verendete Tiere von Kalkschlamm überschwemmt, luftdicht abgedrückt und schließlich in Plattenkalken versteinert. Genau dort, im weiten Umkreis des heutigen Solnhofens, hämmerte ein Mann 1861 in den Steinbrüchen von Langenaltheim das Skelett des Urvogels heraus. Eine Sensation. Das etwa 50 Zentimeter hohe Knochengerüst ist der Kronzeuge der Evolution, denn der Vogel hat einen Schnabel und Zähne zugleich. Es ist das lang gesuchte fehlende Glied in der Entwicklung der Arten, der den Übergang von den Reptilien zu den Vögeln darstellt. Erst zwei Jahre zuvor hatte Darwin seine Evolutionstheorie veröffentlicht. Und weil 1860 eine kleine Feder entdeckt wurde, die zu dem Vogel gehörte, nannte man das Geschöpf „Alte Feder“ oder Archaeopteryx.

Der Archaeopteryx im Museum Solnhofen

Mittlerweile ist der Flieger allerdings nicht mehr ganz so spektakulär wie noch vor 150 Jahren, hat man doch weitere vogelähnliche Kleinsaurier in Kreidezeitablagerungen Nordostchinas gefunden. Dennoch lohnt es sich, Archaeopteryx im Eichstätter Jura-Museum auf der Willibaldsburg zu bestaunen: eher unscheinbar, aber einst weltbedeutend.

Was auf Satellitenbildern auf den ersten Blick wie weiße, die bewaldete Region überlagernde Wolkenformationen wirkt, zieht alljährlich Tausende an. Mit Hammer und Meißel gehen sie in die ausgedehnten Steinbrüche, um vielleicht den elften Urvogel zu finden. „Einen bedeutenden Fund pro Jahr bringen die Gäste mit“, berichtet Dr. Martin Röper vom Solnhofener Museum, „es sind meist Libellen oder Fische.“

Was Solnhofen einen weiteren Eintrag auf der Weltkarte der Geschichte bescherte, war die Erfindung des Bühnenschriftstellers Alois Senefelder. Er wollte lediglich seine Noten arbeitssparend vervielfältigen und sah, dass die gleichmäßige Körnung, die Härte und Dichte der Solnhofener Plattenkalke gut für einen Flachdruck geeignet sind. Senefelder erfand 1798 die Lithographie, also ein Steindruckverfahren, das die Grundlage zum heutigen Offsetdruck legte.

Zwölf Apostel und viele Schafe

Wer Solnhofen im Blick hat, ist den Zwölf Aposteln nahe. So nennt sich die wichtigste Formation aus Felstürmen im Altmühltal. Der dolomitische Schwammkalk ist so etwas wie ein Symbolbild für den Naturpark. An den Zwölf Aposteln wachsen

01 *Nachzählen ist erlaubt – die Zwölf Apostel zwischen Solnhofen und Eßlingen*
02 *Zur Jura-Landschaft des Altmühltals gehören seit jeher Schafherden*
03 *Bewegte Altmühl bei Hagenacker*
04 *Fossilien als Erlebnis in Mörnsheim*

01

02

03

04

05

06

Die fränkischen Burgen waren für ihre Ritterturniere bekannt – daran knüpfen vor großartiger Kulisse alljährlich die Pappenheimer Ritterspiele an.

sogar die überaus seltenen Sonnenröschen, die Karthäuser-Nelken und die Küchenschellen.

Doch die Besonderheit sind die Schafe, die hier Landschaftspflege betreiben. Sie erhalten das typische Landschaftsbild aus Trockenrasenhängen und Wacholderbüschen. Alles, was sonst so wuchern würde, fressen sie weg. Streuobstwiesen oder schwer zugängliche Hänge und Waldränder wären sonst längst überwachsen. Andererseits können die Schäfer wieder vom Verkauf des Lammfleisches leben, seit sehr viele Gasthöfe in der Region die Spezialität Altmühltaler Lamm anbieten. So vereinen sich hier Ökologie, Fremdenverkehr, gesunde Ernährung und Gastronomie zum Nutzen aller.

Klettern im Trockental

In Dollnstein biegen Kletterer nach Süden ins Wellheimer Trockental ab. Die Kalkfelsen sind ein europaweit einmaliges Gebiet für Freizeitsportler, die gern senkrecht die Wand hochgehen, sich mal hängen lassen wollen oder abseilen. „Asterix" und „Obelix" warten schon – das sind auch für Kinder geeignetete Felsen.

Viele Besucher wissen nicht, dass genau dort vor 150 000 Jahren die Wassermassen der Donau durchrauschten. In Dollstein floss die Altmühl hinzu. Heute verläuft die Donau weiter südlich. Die schmale Altmühl aber strömt in dem für sie eigentlich etwas zu breiten Bett, das einst die Donau geschaffen hat, bis Dietfurt weiter und ergießt sich dort in den Main-Donau-Kanal, der ab hier das Bett der Altmühl für seine Zwecke okkupiert hat.

Wo der erste Bayer liegt

Der Germane, dessen Nachbildung vor den Besuchern des Museums in Kipfenberg liegt, trug römische Waffen. Als germanischer Häuptling war der Mann im Grab offenbar im Dienste Roms. Um 430 war er im Alter von etwa 30 Jahren gestorben und wurde, wie es schon bei Keltenhäuptlingen üblich war, unter einem Grabhügel bestattet. In jener Zeit hatten die Römer, deren Einfluss bereits stark geschwunden war, mit vielen örtlichen Stämmen Verträge geschlossen, um sich gegen die hereinbrechenden, 80 000 Köpfe starken Westgoten zu schützen. Das Besondere ist: Der in der Nähe des heutigen geografischen Mittelpunkts Bayerns in Kipfenberg gefundene Häuptling gilt als erster Bajuware. „Baiovarii" waren die Männer aus Böhmen. Diese Stammesgruppe war nur wenig früher von Osten eingewandert, an der Altmühl entlang. Zu erkennen sind sie für die Archäologen an der schwarzen Keramik, die nur sie verwendeten.

01 *Auch die Leistungen der „Ritter" wird penibel beurteilt: Pappenheimer Ritterspiele*
02 *Knappen helfen in den Harnisch*
03 *Was wären Ritter ohne Drachen …*
04 *Konzentration vor dem Turnierritt*
05 *Die romanisch-gotische Wehrkirche von Kinding gehört zu den besterhaltenen in Bayern*
06 *1000 Jahre Stadtgeschichte in Beilngries*

01

02

03

04

05

Der mittlere Abschnitt der Altmühl und die dortigen Nebentäler sind ein ideales Revier zum Wandern und für Radtouren.

Stadtbilder aus alter Zeit

Greding und Berching besuchen alle, die sich gedanklich ins Mittelalter fallen lassen möchten. Greding zeigt einen fast authentisch erhaltenen spätmittelalterlichen Marktplatz. Das Stadtbild von Berching stammt aus gleicher Zeit und ist fast geschlossen erhalten. Schon die Brücke über die Sulz und ein altes Wappen über der Toreinfahrt bilden einen schönen Auftakt zum „Kleinod des Mittelalters". Quer durch die Stadt plätschert ein Bächlein, an das man sich setzen kann. Beim Gang über das knarrende Holz der Wehrmauer wird sich der Besucher etwas bücken müssen. Früher waren die Menschen halt kleiner. Der Chinesenturm von 1475 mit seinem Pagodendach wirkt in der Wehrmauer etwas fremd. Aber schon damals hatten einige Leute Verbindungen zum Fernen Osten und mancher einen Hang zu Exotik.

Zu den Kelten

Eine spätkeltische Kultstätte bietet Thalmässing am nördlichen Jurarand. Die größte und am besten erhaltene Keltenschanze in Bayern – eine alte Kultstätte – ist im Ortsteil Ohlangen zu finden. Wer aber sehen will, wie die Kelten einst aus Holzpfosten und Flechtwänden ihre Strohdachhäuser bauten, ist in Landersdorf besser aufgehoben. Dort hat die Naturhistorische Gesellschaft Nürnberg mit Werkzeugen und Techniken, die dank archäologischer Grabungen rekonstruiert werden konnten, ein Bauernhaus nachgebaut. Vor dem Haus steht ein Ofen, der manchmal zum Brotbacken befeuert wird, denn in der Umgebung werden Dinkel, Ackerbohnen, Lein, Mohn und Färbepflanzen angebaut, wie es schon die Kelten taten.

01 *Die Arnsberger Leite bei Kipfenberg steht wegen ihrer besonderen Vegetation unter Schutz*
02 *Einst Mühlbach: Kipfenberger Schambach*
03 *Naturdenkmal Felsentor bei Unteremmendorf*

04 *Einen anderen Blick auf die Dinge gewinnen: Hochseilgarten des Beilngrieser Abenteuerparks*
05 *Der Lammabtrieb in Böhming hat Volksfestcharakter*

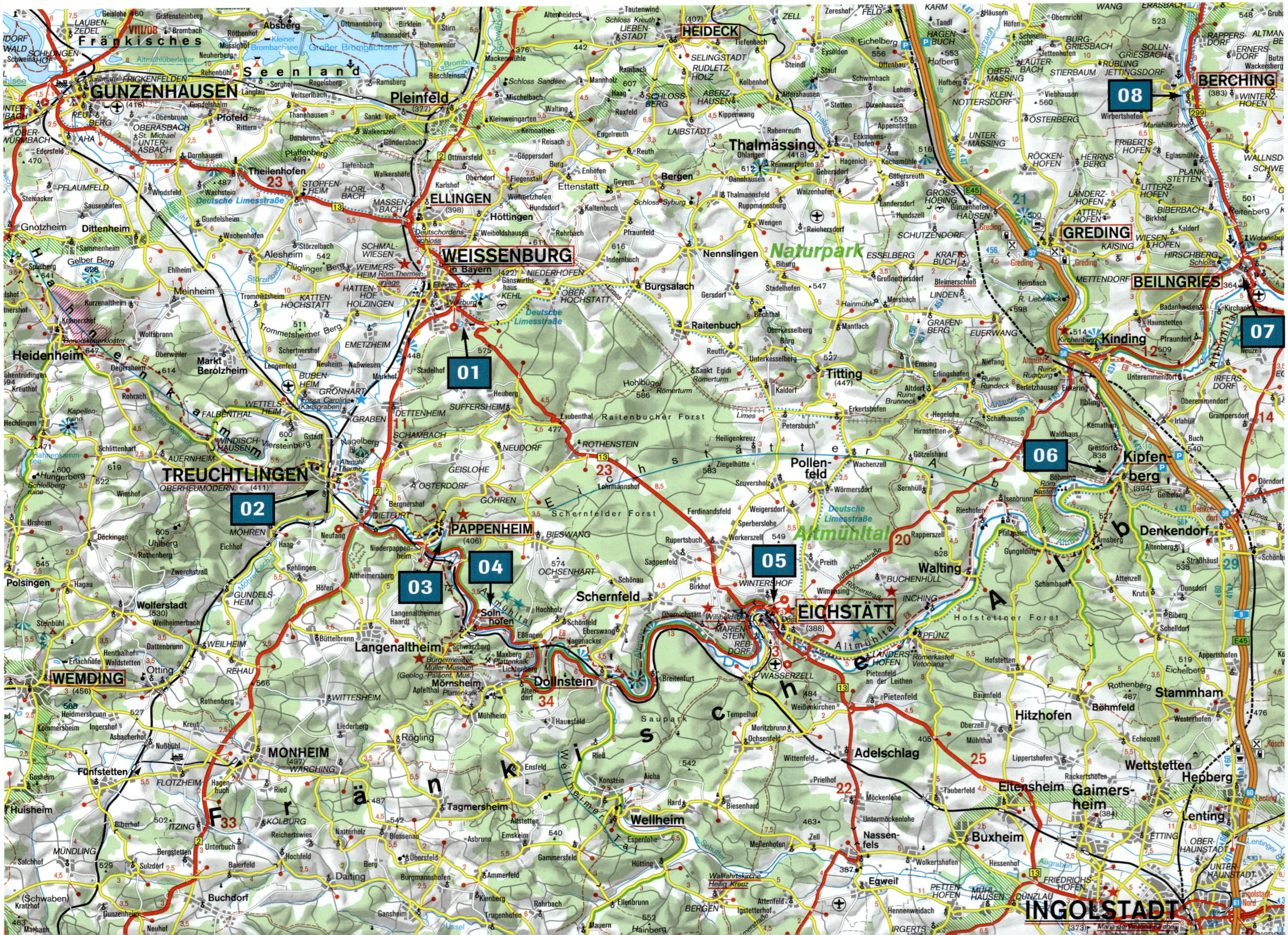
GUNZENHAUSEN
Fränkisches Seenland
Pleinfeld
HEIDECK
Thalmässing
BERCHING
08
GREDING
BEILNGRIES
07
Kinding
ELLINGEN
WEISSENBURG
01
Naturpark
Altmühltal
Deutsche Limesstraße
Titting
Pollenfeld
06
Kipfenberg
Denkendorf
TREUCHTLINGEN
02
PAPPENHEIM
03
04
Solnhofen
Schernfeld
05
EICHSTÄTT
Walting
Langenaltheim
Dollnstein
WEMDING
Wolferstadt
MONHEIM
Adelschlag
Hitzhofen
Stammham
Wettstetten
Hepberg
Eitensheim
Gaimersheim
Lenting
Buxheim
Nassenfels
Egweil
Wellheim
Tagmersheim
Buchdorf
Heidenheim
Markt Berolzheim
Dittenheim
Gnotzheim
Polsingen
Huisheim
Fünfstetten
INGOLSTADT
Fränkische Alb

Der Kern – idyllisch und barock

Auf diesem Abschnitt zeigt die Altmühl ihren wahren Charakter: Im weiten Tal windet sich der Fluss durch die Fränkische Alb und bietet Radfahrern wie Wanderern die schönsten Ausblicke auf der gesamten Strecke. Doch sind die barocken Städte Hauptziel vieler Touristen – allen voran die Bischofsstadt Eichstätt.

01 WEISSENBURG

Die lebendige Große Kreisstadt mit 19 000 Einw. ist von ihrer großen Vergangenheit geprägt. 89 n. Chr. bauten die Römer hier ein Kastell. Aus dem nachfolgenden fränkischen Königshof wurde eine freie Reichsstadt – auf der Wülzburg in Wurfweite saßen allerdings die Ansbacher Markgrafen. Heute ist Weißenburg Verwaltungszentrum des Kreises Weißenburg-Gunzenhausen.

SEHENSWERT Beim Rundgang durch die Innenstadt sind das gotische reichsstädtische **Alte Rathaus** (1476) am Marktplatz, das Kulturzentrum **Karmeliterkirche** (um 1350, 1729 barockisiert), die 1327 geweihte **St.-Andreas-Kirche** mit schöner Ausstattung, die weitgehend erhaltene Stadtmauer mit dem imposanten **Ellinger Tor** aus dem 14. Jh. und der **Seeweihermauer** besonders reizvoll.

MUSEEN Das **Römermuseum** **TOPZIEL** zeigt den Römerschatz (Martin-Luther-Platz 3; März-Dez. tgl. 10.00–12.30 und 14.00–17.00 Uhr). Kostenlos ist ganzjährig das **Bayerische Limes-Informationszentrum** im Römermuseum zu besuchen. Weiteres zum Thema bieten die **Römischen Thermen** (Am Römerbad; April–Okt., tgl. 10.00–12.30 und 14.00–17.00 Uhr) und das Römerkastell Biriciana mit rekonstruiertem Nordtor (frei zugänglich am Westrand der Stadt). Weitere Kapitel Vergangenheit beschreiben das **Reichsstadtmuseum** (Martin-Luther-Platz; wie Römermuseum) und das **Apothekenmuseum** (Rosenstraße 8; Führungen Mo., Di., Do. und Fr. 11.00 und 14.30 sowie Mi. und Sa. 11.00 Uhr).

VERANSTALTUNG Die **Kirchweih** in Weißenburg ist die größte und älteste im südlichen Franken (Aug.).

UMGEBUNG Die **Wülzburg,** urspr. ein Benediktinerkloster auf einer Kuppe östl. Weißenburg, wurde ab 1588 zur fünfeckigen Renaissancefestung ausgebaut (herrlicher Blick auf Weißenburg). Im Innenhof serviert ein Burgwirt rustikale Kost. Im Ersten Weltkrieg saßen Kriegsgefangene auf der Festung ein, unter anderem der spätere französische Präsident Charles de Gaulle – eine Tafel im Torbogen erinnert daran (Führungen Mai–Mitte Okt. Sa. 13.00–16.00, So. und Fei. 11.00–16.00 Uhr). Die einstige Deutschordensstadt (1216–1796) **Ellingen** zeichnet sich durch eine herausragende barocke Bebauung aus dem 18. Jh. aus, die von einem Barockrundweg (ab Schloss) erschlossen wird.

INFORMATION
Amt für Kultur und Touristik, Martin Luther-Platz 3
91781 Weißenburg in Bayern, Tel. 09141/907124
Fax 09141/907121, www.weissenburg.de

02 TREUCHTLINGEN

Der Kurort mit mehr als 13 000 Einw. bietet viele Freizeitmöglichkeiten. Die „Treuchtlinger Pforte" mit ihren Flüssen war schon 8000 v. Chr. besiedelt. Kelten und Römer lebten dort. 899 erwähnt, entwickelte sich die Siedlung unterhalb der Oberen Veste zum Marktort und ab 1869 dank eines Schienenknotenpunkts zur Eisenbahnerstadt.

SEHENSWERT Im Renaissance-**Stadtschloss** von 1575 sind heute museale Blicke in die Vergangenheit möglich und das Informations- und Umweltzentrum Naturpark Altmühltal sowie die Tourist-Information untergebracht (Mai–Sept. Mo.–Fr. 9.00–18.00, Sa. 9.00–12.00 und 14.00 bis 17.00, So. 10.00–12.00 Uhr, sonst kürzer). Alles im Maßstab 1:87 – das **Miniaturland Treuchtlingen** zeigt Landschaft- und Modellbau (Elkan-Naumburg-Straße 35, www.miniaturland-treuchtlingen.de; tgl. 13.00–18.00 Uhr,). Die **Obere Burg** ist als sanierte Ruine erhalten (Führungen Mai–Okt. Di., Do., Sa. und So. 15.00 Uhr).

MUSEEN **Volkskundemuseum** (Heinrich-Aurnhammer-Straße 3; Mi., Do., Fr. und So. 15.00 bis 18.00 Uhr) und **Posamentenmuseum** (textiler Kleiderschmuck; Mo.–Fr. 9.00–12.00 Uhr) im Stadtschloss sowie die **Karlsgraben-Ausstellung** („Fossa Carolina") im Ortsteil Graben (Graben 6; Mai–Okt. Mi.–Mo. 13.00–17.00 Uhr) sind der Vergangenheit gewidmet.

AKTIVITÄTEN Die **Altmühltherme** ist ein Thermalbad mit Wellenbad, Riesenrutschen, Freibad, Salzgrotte und Saunalandschaft (Bürgermeister-Döbler-Allee 12, www.altmuehltherme.de; tgl. 9.00–20.00, Fr. bis 22.00 Uhr,).

Verspieltes Barock – so zeigt sich Ellingen

INFORMATION
Kur- und Touristinformation, Haus des Gastes
Heinrich-Aurnhammer-Straße 3
91757 Treuchtlingen Tel. 09142/202180
Fax 09142/2021818, www.treuchtlingen.de

03 PAPPENHEIM

Die Burganlage mit 1,5 km langen Mauern ist die größte Attraktion des Luftkurortes (4300 Einw.). 802 erwähnt, waren die Burg und Stadt (Stadtrecht 1288) ab 1258 Residenz der Pappenheimer Grafen, die 800 Jahre lang als „Reichsmarschälle" wichtige Persönlichkeiten im alten Reich waren. Bekannt ist der Ortsname durch die – im Drama positiv gemeinte – Erwähnung in Schillers „Wallensteins Tod" („Daran erkenn' ich meine Pappenheimer").

SEHENSWERT Auf **Burg Pappenheim** sind Wehranlagen, Kapelle, Folterkammer, Natur- und Jagdmuseum und Gärten zu besichtigen (www.grafschaft-pappenheim.de; Mai–Sept. 9.00–18.00, April und Okt. 10.00–17.00 Uhr). Greifvogel-Flugvorführungen So. in den bayer. Sommerferien und nach Vereinb. (Tel. 0172/6172633).

VERANSTALTUNGEN **Classic-Sprint-Oldtimertreffen** am 2. Juni-Wochenende. **Ritterturnier** auf Burg Pappenheim am letzten Juni-Wochenende.

INFORMATION
Fremdenverkehrsbüro, Stadtvogteigasse 1
91788 Pappenheim, Tel. 09143/60666
Fax 09143/60667, www.pappenheim.de

Zu Weißenburgs Römerschatz gehören diese Masken

04 SOLNHOFEN

Der 1800-Einw.-Ort in einem der schönsten Altmühlabschnitte ist vor allem durch seine Fossilienfunde weltweit bekannt. Die Ortsgeschichte reicht bis in karolingische Zeiten zurück.

SEHENSWERT Die **Sola-Basilika** mit Resten mehrerer Kirchbauten seit dem 6. Jh. ist frei zugänglich (Senefelderstraße neben ev. Kirche).

MUSEUM Im **Museum Solnhofen – naturwissenschaftliche Sammlung des Bürgermeister-Müller-Museums** **TOPZIEL** ist neben vielen anderen Fossilien der Urvogel Archaeopteryx zu sehen (Bahnhofstraße 8; April–Okt. 9.00–17.00, sonst nur So. 13.00–16.00 Uhr).

UMGEBUNG **Mörnsheim** bietet einen Fossilienerlebnisplatz, Ausflüge zur Wacholderheide und den Lammauftrieb im Mai (Informationen beim Verkehrsverein, Kastnerplatz 1, 91804 Mörnsheim, Tel. 09145/83150, www.moernsheim.de). Klettern ist im **Wellheimer Trockental** möglich (Informationen beim Fremdenverkehrsbüro, Papst-Viktor-Straße 35, 91795 Dollnstein, Tel. 08422/1502, www.dollnstein.de und www.geologie-bayern.de).

INFORMATION
Verkehrsamt, Bahnhofstraße 8
91807 Solnhofen, Tel. 09145/832020
Fax 09145/832050, www.solnhofen.de

05 EICHSTÄTT

Die Universitäts- und Große Kreisstadt mit rund 14 000 Einw. ist zugleich quirliger und ehrwürdiger Mittelpunkt des Naturparks Altmühltal und des gleichnamigen Landkreises. Um 740 wurde der Ort zusammen mit der Bistumsgründung erwähnt. Erster Bischof wurde ein Jahr später Willibald. 908 verlieh König Ludwig IV. dem Bischof für das mit dem Bistum eingerichtete Kloster Markt-, Münz-, Zoll- und Befestigungsrecht (1042 Stadtrecht). 1564 wurde auf bischöfliche Initiative der Vorläufer der Universität gegründet. Im Verlauf des Dreißigjährigen Krieges wurde Eichstätt 1634 fast völlig zerstört; der barocke Wiederaufbau erfolgte bis ins 18. Jh. 1802 kam die Stadt mit dem Fürstbistum an Bayern.

SEHENSWERT Die ganze barock geprägte **Altstadt** **TOPZIEL** mit Kirchen und Klöstern lohnt einen ausgiebigen Stadtrundgang. Die **Fürstbischöfliche Residenz** mit Spiegelsaal (ab 1700) ist ein barocker dreiflügeliger Bau von Jakob Engel, Gabriel de Gabrieli und Maurizio Pedetti (Landratsamt, Residenzplatz 1; Führungen ab Residenzpforte, Ostern–Okt. Mo.–Do. 11.00 und 15.00, Fr. 11.00, Sa., So. und Fei. 10.15–15.30 Uhr). Die ehem. **Fürstbischöfliche Sommerresidenz** (1737; Ostenstraße) mit schönem Hofgarten beherbergt heute die Universitätsverwaltung. Der bis 1718 von Gabriel de Gabrieli barockisierte (Westwerk) gotische **Dom** (13.–15. Jh.) mit Glasfenstern von Hans Holbein d. Älteren, „Pappenheimer Altar", Kreuzgang (1498) und Figur des hl. Willibald ist eine Besonderheit. Gegenüber der Stadt thront hoch über der Flussschleife die **Willibaldsburg,** Renaissanceschloss (Residenz 1355–1725) und Festung zugleich. **Kloster und Pfarrkirche St. Walburg** beherbergen die Grabstätte der hl. Walburga mit 1200 Votivtafeln in ihrer Gruftkapelle (Walburgiberg 6).

MUSEEN Das **Jura-Museum** in der Willibaldsburg zeigt ein Original des Archaeopteryx (www.jura-museum.de; April–Sept. Di.–So. 9.00 bis 18.00, sonst Di.–So. 10.00–16.00 Uhr). Benachbart das **Museum für Ur- und Frühgeschichte** mit Mammutskelett und Modell des Kastells Pfünz (www.museumfuerurundfruehgeschichte.de; wie Jura-Museum). Die Pflanzenwelt des **Hortus Eystettensis** geht auf Bischof Johann Konrad von Gemmingen zurück, der Anf. des 17. Jh. Pflanzen aus aller Welt zusammentragen ließ (wie Jura-Museum). Das **Domschatz- und Diözesanmuseum** präsentiert die Geschichte des Bistums, liturgische Gewänder und den Domschatz (Residenzplatz 7, www. bistum-eichstaett.de/dioezesanmuseum; April–Okt. Mi.–So. 10.30–17.00 Uhr).

VERANSTALTUNGEN Zum Veranstaltungskalender gehören u. a. die Jahrmärkte **Walburgi-Dult** im Mai und **Willibaldi-Dult** im Juli und das **Volksfest** mit Festumzug im Sept., Domkonzerte und der **Weihnachtsmarkt** auf dem Domplatz.

UMGEBUNG Mit 3000 km² ist der **Naturpark Altmühltal** einer der größten in Deutschland und ein beliebtes und preisgünstiges Urlaubsziel in Bayern. Die Zentrale Tourist-Information Naturpark Altmühltal ist in der beeindruckenden barocken ehem. **Klosterkirche Notre Dame** (18 Jh.) untergebracht.

INFORMATION
Tourist-Information, Domplatz 8, 85072 Eichstätt
Tel. 08421/6001400, Fax 08421/6001408
www.eichstaett.info
Zentrale Tourist-Information Naturpark Altmühltal
Notre Dame 1, 85072 Eichstätt, Tel. 08421/98760
Fax 08421/987654, www.naturpark-altmuehltal.de

> **Tipp**
>
> ### Zaungast bei den Kelten
>
> Thalmässings archäologischer Wanderweg (15 km) verbindet eine Höhlensiedlung und Grabhügel der Hallstattzeit, eine keltische Eisenverhüttung sowie Landersdorfs Geschichtsdorf mit einem rekonstruierten Keltenhaus, einem jungsteinzeitlichen Haus und einem vorgeschichtlichen Garten (tgl. geöffnet). Dort wird ein Keltenfest (3. Sept.-So.) gefeiert, bei dem Handwerk und Alltag der Keltenzeit nachgestellt werden.

06 KIPFENBERG

Der Erholungsort mit 5700 Einw. ist als geografischer Mittelpunkt Bayerns für seine Römer- und Bajuwaren-Vergangenheit bekannt. Schon vor der Zeit des Limes stand auf dem Michelsberg eine Burg (450 v. Chr.). 1266 wurde der Markt (1352) erstmals genannt.

MUSEUM Die Vorburg von Burg Kipfenberg (Urspr. 12. Jh.) beherbergt das **Römer- und Bajuwaren-Museum** **TOPZIEL** mit dem Infopoint Limes (www.bajuwaren-kipfenberg.de; Juni–Aug. tgl. 10.00–18.00, April, Mai, Sept. und Okt. 10.00–16.00, sonst Sa. und So. 10.00–16.00 Uhr).

VERANSTALTUNG **Limesfest** als historisches Volksfest im August.

UMGEBUNG Das Römerkastell Vetoniana in **Pfünz** auf dem Michelsberg (südw.) und die Steinbogenbrücke von 1486 über die Altmühl bei **Walting** sind immer zugänglich. In **Möckenlohe** (südl. Adelschlag) wurde eine römische Villa Rustica (Gutshof) rekonstruiert; im Aug. wird ein Römerfest gefeiert (Tauberfelder Weg 1, www. roemervilla-moeckenlohe.de; April–Okt. Mo.–Fr. 15.00–16.00, Sa. und So. 13.00–17.00 Uhr).

Auch Berching wird von einer Stadtmauer beringt

INFORMATION
Tourist-Information, Marktplatz 2
85110 Kipfenberg, Tel. 08465/941940
Fax 08465/941043, www.kipfenberg.de

07 BEILNGRIES

Die Bierstadt (8700 Einw.) an Altmühl, Sulz und Main-Donau-Kanal widmet sich ganz dem Tourismus. Seit dem Spätmittelalter umgibt die Stadtmauer die Altstadt mit ihren barocken Bauten.

SEHENSWERT Über der Altstadt erhebt sich mit herrlichem Blick **Schloss Hirschberg** (12. und 18. Jh.), größte Burganlage im Altmühltal und heute kirchliche Ausbildungsstätte der Diözese Eichstätt (Führungen nach Abspr., Tel. 08461/64210).

AKTIVITÄTEN Hochseilklettern ist im **Altmühltaler Abenteuerpark** mit Walderlebnispfad für Kinder möglich (Bräuhausstraße 36, www.altmuehltaler-abenteuerpark.de; April–Mitte Sept. tgl. 10.00–19.00 Uhr, zeitweise kürzer).
Das **Freizeitzentrum Kratzmühle** bietet am Kratzmühler See zwischen Beilngries und Kinding ideales Terrain für Familien. Auch ein Campingplatz und ein Bootsverleih sind vorhanden (Bräuhausstraße 34, Kinding-Pfraundorf, www.kratzmuehle.de).

MUSEEN Der **Brauereigeschichte** ist das Museum im Felsenkeller-Labyrinth gewidmet (unter Hochseilgarten, Bräuhausstraße 36; Mai–Sept. So. 10.30 Uhr).
Die Arbeitswelt vergangener Zeiten spiegelt das **Technikmuseum Kratzmühle** (Mühlweg 1, Kinding-Pfraundorf, www.museen-anno-dazumal.de; April–Okt. Mi. und Sa. 14.00–18.00, So. 10.00 bis 18.00 Uhr).

UMGEBUNG Bayerisch-barocke Gastlichkeit bietet **Greding** in mittelalterlicher Umgebung mit Rathaus, Marktplatz und ehem. fürstbischöflichem Schloss und Forsthaus. Die spätmittelalterliche Stadtmauer hat noch ihre Wehr- und Tortürme. Bekannt ist der Trachtenmarkt am 1. Sept.-Wochenende.

INFORMATION
Tourist-Information, Hauptstraße 14
92339 Beilngries, Tel. 08461/8435
Fax 08461/9661, www.beilngries.de

08 BERCHING

Die 1100 Jahre alte Stadt (8700 Einw.) zeigt ein geschlossen erhaltenes Stadtbild aus dem Mittelalter – einzigartig in Bayern. Während der 900-jährigen Herrschaft der Eichstätter Fürstbischöfe konnte sich gewisser Wohlstand bilden. Im Ortsteil Erasbach wurde einer der bedeutendsten Opernkomponisten des 18. Jh. geboren, Christoph Willibald Ritter von Gluck (1714 bis 1787).

SEHENSWERT Die **Wehrmauer** aus dem 15. Jh. mit Pulver- und Chinesenturm ist begehbar und umgibt die **Altstadt** TOPZIEL. 1846 wurde der **König-Ludwig-Kanal** zwischen Donau und Main fertiggestellt; ein Baudenkmal ist das Schleusenhaus 24. Das **Museum Berching** ist u. a. Christoph Willibald Ritter von Gluck gewidmet (An der Johannesbrücke; Mai–Okt. Di. bis Fr. 13.30–16.30, Sa. und So. 10.00–12.00 und 13.30 bis 16.30 Uhr).

VERANSTALTUNGEN Tradition hat seit 1722 der **Berchinger Rossmarkt** (1. Mi. im Febr.), ein Volksfest, bei dem es immer noch auch Pferde gibt. Die **Berchinale des Lichts** mit Feuerzauber, Projekten und Feuerwerk im Juni ist größtes Lichtspektakel in Bayern. **Openaufführungen** erinnern an den berühmten Komponisten Christoph Willibald Ritter von Gluck.

UMGEBUNG Der Marktort **Thalmässing** liegt nördl. des bis zu 612 m hohen Jurarandes. Sein Vor- und Frühgeschichtliches Museum zeigt Funde von der Steinzeit bis zur Völkerwanderung (Marktplatz 1; April–Okt. Di.–So. 10.00–12.00 und 13.00–16.00 Uhr). Der dortige „1. Deutsche Spaßwanderweg“ lässt optische Täuschungen, lustige Spiele und Kunstwerke auf drei Routen erleben.

INFORMATION
Tourismusbüro, Pettenkoferplatz 12
92334 Berching, Tel. 08462/20513
Fax 08462/20544, www.berching.de

Nicht versäumen!

KULTUR

Römer „zum Anfassen“
Zwei Museen helfen, sich in die Welt der Römer zu versetzen. Das Römermuseum in Weißenburg präsentiert den „Schatz aus dem Spargelacker“. Das Römer- und Bajuwaren-Museum in Kipfenberg vermittelt anschaulich das Alltagsleben.

TOPZIEL Siehe Nr. 01 und 06

NATUR

Zurück in Urzeiten
In dunkle Vorzeiten lässt es sich im Solnhofener Plattenkalk reisen – hier überdauerte das erste Federvieh Jahrmillionen. Im Museum des Altmühlortes lassen sich gleich mehrere Exemplare dieser seltenen Spezies betrachten.

TOPZIEL Siehe Nr. 04

KULTUR

Wo die Fürstbischöfe residierten
Eichstätt bietet neben seiner barocken Fürstbischöflichen Residenz und dem Bischöflichen Palais mit dem gotisch-barocken Dom und der Willibaldsburg samt „Hortus Eystettensis“ eine Menge fürstlicher Kultur.

TOPZIEL Siehe Nr. 05

ERLEBEN

Angeseilt springen
Für alle, die einmal ihr Adrenalin spüren wollen, ist der Hochseilgarten von Beilngries einen Besuch wert. Auf verschieden schweren Parcours führen Balancierpfade durch die Baumwipfel – mit gelegentlich freiem Blick auf das Tal.

Siehe Nr. 07

ERLEBEN

Durch mittelalterliche Gassen
Wer sich bei einem Rundgang einen lebendigen Eindruck einer mittelalterlichen Kleinstadt verschaffen will, ist in Berching richtig. Kontrastprogramm dazu ist der Main-Donau-Kanal mit seinem Ausflugsrummel.

TOPZIEL Siehe Nr. 08

Kennen Sie Ihre Pappenheimer?

An der Stelle wo die Altmühl in den Jura eintritt, den sie von nun an in reichen Mäandern bis zu ihrer Einmündung in die Donau durchfließt, liegt als Tor zum Altmühltal die ehemalige Residenzstadt der Reichserbmarschälle des Heiligen Römischen Reiches, der Grafen und Herren zu Pappenheim.

Der romantische historische Ort überragt von einer weitläufigen Burganlage bietet vieles Interessante aus seiner über 1200 jährigen Geschichte. Als Zentrum der ehemaligen Grafschaft Pappenheim, die bis 1806 bestand, verfügt er über eine Fülle von Erinnerungen an diese lange Geschichte. Auf dem schon vor den Römern besiedelten Burgberg entstand seit dem 11. Jahrhundert eine umfangreiche Burganlage deren bedeutende Reste mit einer Längenausdehnung von rund 300 Metern noch heute einen imposanten Eindruck vermittelt. Zwei Vorburgen auf der Nord und Südseite, ein dreifacher Mauerring und die Einbindung in eine noch in weiten Teilen erhaltene Stadtmauer betonen die wichtige Aufgabe dieses ehemaligen Herrschaftssitzes.

Der sich an drei Seiten um diesen Burgberg gruppierende Ort birgt eine Menge von historischen Bauten. Eine große Anzahl von Baudenkmälern legt Zeugnis ab von einer interessanten Vergangenheit. Aus der Anfangszeit Pappenheims stammt die Galluskirche, eine

der wenigen noch auf die karolingische Zeit zurückgehenden Kirchen in Franken. Drei weitere sehenswerte Kirchenbauten schließen sich an. Als erstes die Klosterkirche, seit Errichtung und Stiftung des Klosters durch die Herren zu Pappenheim auch gleichzeitig deren Grablege bis heute, birgt sie in ihrem Inneren eine Reihe von interessanten Ausstattungsstücken. Man kann sie im Rahmen der Stadtführung besichtigen. Die evang. Stadtpfarrkirche ebenfalls mit einer reichen Innenausstattung, von der vor allem die vielen Grabmäler des Hauses Pappenheim zu erwähnen sind, reicht in das Mittelalter zurück und wurde im 18. Jahrhundert nochmals umgebaut. Als letzter Kirchenbau entstand im Stil der Neoromanik die kath. Pfarrkirche außerhalb der alten Stadtmauern. Als es den Pappenheimer Herren auf der Burg zu unwirtlich und zu eng wurde, erbauten sie in der Stadt einige Wohnhäuser in denen die verschiedenen Linien der Familie lebten. Als Haupt- und Residenzschloss errichtete man seit dem 15. Jahrhundert an der heutigen Graf-Carl-Straße in mehreren Abschnitten das Alte Schloss. Bis ins 18. Jahrhundert hinein erfuhr es immer wieder Veränderungen, Umbauten und Renovierungen. Heute sind in diesem Gebäude mehrere Wohnungen untergebracht. Zu Anfang des 19. Jahrhunderts, als es mit der alten Herrlichkeit schon vorbei war, ließen sich die Grafen zu Pappenheim noch ein großes klassizistisches Schloss am Marktplatz errichten, das – etwas anachronistisch für die Zeit – als Residenzschloss bezeichnet wurde. Als Bauherr fungierte der Generaladjutant Maximilian I des ersten Bayerischen Königs, Carl Theodor Graf und Herr zu Pappenheim. Für die Ausführung und Planung konnte er den Hofarchitekten des Bayerischen Königs Leo von Klenze gewinnen, von dem bedingt durch den Krieg leider nur noch sehr wenig originale Bauten erhalten sind. Die Durchführung vor Ort oblag dem gebürtigen Pappenheimer und Schüler Klenzes und Gärtners, Eduard Metzner. Dieser machte sich als Architekt und Forscher unter anderem dadurch einen Namen, dass er einer der ersten war, die Anfang des 19. Jahrhunderts die Akropolis und ihre Bauten in Athen aufnahmen. Als das Neue Schloss in Pappenheim fertiggestellt war, ließ sich der romantischen Auffassung der Zeit folgend der Bauherr hinreißen, die schon damals stark verfallene Burg in Teilen zu sprengen. Der bis dahin noch erhaltene Palas wurde auf diese Art und Weise in eine Ruine verwandelt. Überall im Ort trifft man immer noch auf Spuren der ehemaligen Residenzfunktion der Stadt Gebäude, die in der früheren Verwaltung des ehemals selbständigen kleinen Ländchens einen bestimmten Zweck erfüllten oder als Bauten von Hofbeamten fungierten. Außerdem ist eine größere Anzahl sehr schöner Bürgerhäuser mit interessanten Fassaden vom Spätmittelalter bis ins 19. Jahrhundert zu finden.

Eine Besonderheit Pappenheims bildete die große Judengemeinde, welche auf Grund der Tatsache, dass die Reichserbmarschälle als kaiserliches Privileg den Judenschutz ausübten, hier bereits im hohen Mittelalter eine große Bedeutung und im Verhältnis zur Stadt auch eine erhebliche Ausdehnung an Siedlungsraum besaß. Die beiden noch heute erhaltenen Judenfriedhöfe und das zumindest in seinen Außenmauern noch weitgehend erhaltene ehemalige Synagogengebäude sind ebenso Zeugnisse dieser Zeit wie viele in der heutigen Deisinger Straße, seinerzeit Judengasse, aufgeführte Bauten. An einem solchen ist sogar eine Gedenktafel für die Erbauung angebracht, welche auf eine Jahreszahl hinweist, die sich aus dem alten jüdischen Kalender ergibt.

FREMDENVERKEHRSBÜRO PAPPENHEIM
Stadtvogteigasse 1, 91788 Pappenheim
Tel.-Nr.: 0-91-43/6-06-66, Fax-Nr.: 0-91-43/6-06-67
fremdenverkehr@pappenheim.de
www.pappenheim.de

GRÄFLICHE VERWALTUNG PAPPENHEIM
Marktplatz 5, 91788 Pappenheim
Tel.-Nr.: 0-91-43/8-38-90, Fax-Nr.: 0-91-43/64-45
info@grafschaft-pappenheim.de
www.grafschaft-pappenheim.de

Anzeigen

Burg Pappenheim

Das Tor zum Altmühltal

Burgbesichtigung:
Einzigartige Anlage mit imposanten Wehrgängen (sog. "Kanonenweg") Vor-und Hauptburg, Zwingeranlage und staufischen Bergfried, 3 ha Gelände, Länge 300m, insgesamt 1,5 km Mauern

- ***Historische Ausstellungen***
- ***Burgkapelle***
- ***Folterkammer***
- ***Burgschänke** u. Biergarten*
- ***Botanischer Garten*** *(über 1100 heimische Arten)*
- **Historisch. Kräutergarten** *(über 600 Arten)*
- ***Natur-und Jagdmuseum*** *mit Videovorführungen*
- ***2 mittelalt. Rittersäle** für Veranstaltungen. 80 bzw. 160 Pers.*
- ***Hochzeiten auf der Burg*** *(Kapelle, Standesamt, Rittersäle)*
- ***Burggelände** mit Turnierplatz (4000 m²) zu vermieten*
- ***Museumsshop***
- ***Video/DVD-Vorführungen***

Grafschaft Pappenheim

Gräfliche Verwaltung Pappenheim
Tel.: 09143-83890, Fax 09143-6445
info@grafschaft-pappenheim.de
www.grafschaft-pappenheim.de

Öffnungszeiten der Burg:
28. 03. bis 7. 11. täglich
28. 3. bis 30. 4.: 10-17 Uhr
1. 5. bis 30. 9.: 9-18 Uhr
1. 10. bis 7. 11.: 10-17 Uhr

Events 2009

- ***4. Altmühltal Classic Sprint,*** *Oldtimer-Rundfahrt 6. und 7. 06. Details unter: www.classic-sprint.de*
- ***Pappenh. Ritterturnier*** *27. und 28. 06.*
- ***Burgweihnacht*** *28. +. 29. 11. und 5.+ 6. 12.*

- ***Eintritt Burg*** *Erwachsene 4,- €, Kinder ab 6 Jahren 3,- €, div. Ermäßigungen*
- ***Historische Burgführungen*** *Sa., So. und Feiertag. In den Schulferien zusätzl. Di. u. Do. (ab 10 Erw.) jew. 11.30 Uhr, 2,- €, Sonderführungen für Gruppen auf **Anmeldung*:** **0174-920 98 63***
- ***Führung Bot. Garten*** *auf **Anmeldung*** zusätzl. 3,- €*
- ***Greifvogel-Flugvorführungen an den Sonntagen** in den bayrischen Sommerferien auf **Anmeldung: 0172-617 26 33***

www.grafschaft-pappenheim.de

Staatlich anerkannter Heilquellen-Kurbetrieb im Naturpark Altmühltal und nahe des Fränkischen Seenlandes. Die Altmühltherme Treuchtlingen mit über 3200 qm Wasserfläche im Thermalinnen- und Aussenbecken, Therapiebecken, Hallenwellenbad und Freibad. Saunalandschaft, Whirlpool, Riesenrutschen, Totes-Meer-Salzgrotte und Kurmittelzentrum. Reisemobilstellplatz.

Thermalbad TREUCHTLINGEN

im Naturpark Altmühltal

ZEIT FÜR SIE

• Naturpark-Informationszentrum • • Geopark-Ries- Infozentrum • 3 Museen • • Natur-Führungen • Pauschalangebote • • Röm. Ausgrabungen • • Karlsgraben(fossa carolina) • • Stadtschloss • Burgruine • Wander- und Radwegenetz • Bootfahren • Reiten • Tennis • • Kegeln • Schießen • • Minigolf • Schwimmen •

Kur- und Touristinformation
Heinrich-Aurnhammer-Str.3
91757 Treuchtlingen
Tel.: 09142 - 20218-0, Fax: 20218-18
info@touristinfo-treuchtlingen.de
www.treuchtlingen.de

Anzeigen

Stadt Berching
92334 Berching
Tel.: 08462 20513
tourismus@berching.de
www.berching.de
Aktivurlaub & Erholung pur
Mein Lieblingsziel im Naturpark Altmühltal:
Berching

KULTUR
SPORT
FREIZEIT
Golfplätze · Burgruine Wolfstein · Museum Lothar Fischer · Schmankerlwochen · Kirchen · Einkaufsstadt · Stadtmuseum · Altstadtfest · Brauereimuseum · und viele nette Leute!
Neumarkt ist einen Ausflug wert!
Bayern
Weitere Informationen: Tourist-Information Neumarkt, Rathauspassage, 92318 Neumarkt,
Tel. 0 91 81/255-125 · Fax 0 91 81/25 51 98 · E-Mail: tourismus@neumarkt.de
Neumarkt erleben!
www.neumarkt.de

www.altmuehltaler-abenteuerpark.de
Altmühltaler Abenteuerpark
Beilngries
Naturerlebnis - und Waldhochseilgarten
• Verschiedene Hindernisparcours in luftiger Höhe
• Abenteuer für Jung und Alt im Waldhochseilgarten
• Hochseilgarten für Teamevents
• Waldlehrpfad
• Brauereimuseum im Felsenkellerlabyrinth
Bräuhausstr. 36, Beilngries
Tel: 08461 - 60 29 90
info@altmuehltaler-abenteuerpark.de

Mitten im Naturpark Altmühltal
Beilngries
B geistert
Urlaub in Beilngries
Auf die genüssliche Tour
Mitten im Naturpark Altmühltal führt Beilngries Sie auf charmanten Wegen durch Geschichte und durch eine einmalige Landschaft, zu herrlichen Wander- und Radtouren und vielen Aktivangeboten, zu fröhlichen Festen und Märkten.
Genießen Sie die Beilngrieser Gastlichkeit – und entdecken Sie bayerisch-südliche Lebensfreude!
Mehr Infos: www.beilngries.de
Tourist-Information Beilngries · Telefon 0 84 61/84 35

Freie Zeit genießen - aktiv entspannen
7 Täler
www.dietfurt.de
NATURPARK ALTMÜHLTAL
Dietfurt im Altmühltal
Dirt-Park Fahrrad oder Mountainbike Freibad Reiten Nette Leute Kletterfelsen Boule Lauftreffs
Gleitschirmfliegen Tennis
Bayrisch China Gastfreundlichkeit Angeln Golfen Reiten Squash Barfußpark Minigolf
Kneipptretbecken Natur Bootswanderungen Bogenschießen Sommereisstock Drachenfliegen
Tourist-Information
Hauptstr. 26
92345 Dietfurt
08464-640019

Unser Familiär geführter Hotel-Gasthof liegt direkt am Radwanderweg und verfügt über 30 Zimmer.
In unserem gemütlichem Restaurant mit Terrasse werden bei durchgehend warmer Küche regionale Spezialitäten für Sie zubereitet.
Hotel-Gasthof zur Krone ***
Prunner Hauptstraße 13 93339 Riedenburg-Prunn
Telefon: 09442 / 1507 E-Mail: gasthof-krone-prunn@t-online.de
Telefax: 09442 / 3158 Internet: www.hotel-zur-krone-prunn.de

Stirzer
Gastlichkeit hinter rauhem Putz und alten Balken.
Hauptstraße 45
92345 Dietfurt
Telefon:
08464/8658
www.stirzer.de

"Entdecke die Faszination einer unterirdischen Welt!"
Tropfsteinhöhle Schulerloch
im unteren Altmühltal
09441/3277 www.schulerloch.de

Altmühltaler Mühlenmuseum
Die letzte Mühle im Altmühltal
92345 Dietfurt · Hauptstraße 51
Telefon: 08464 / 209 Internet: www.altmuehltalermuehle.de
Telefax: 08464 / 9206 E-Mail: muehlenmuseum@web.de
täglich geöffnet von 8-20 Uhr • Führungen 10,14 und 16 Uhr

Kastlhof
Gasthof · Pension · Camping
Wanderreit-Station
Fam. Brock
Pillhausen 1
93339 Riedenburg
Telefon: 09 44 7 / 698
Telefax: 09 44 7 / 920 191
E-Mail: info@kastlhof.de
Intenet: www.kastlhof.de
wandern · radfahren · angeln · klettern
campen · zelten · genießen
ausruhen · bay. Küche · Biergarten
Kind und Hund willkommen

Ein Original mit Herz

Er heißt Wilhelm Eisenhart und gießt Zinn. Sein Handwerk ist nicht alles, was ihn begeistert. Von Eichstätt aus geht er mit seiner Familie oder auch allein oft in die Natur, oder er spielt Kabarett. Und manchmal schlüpft er in die Rolle des Lorenz Krach, des einstigen Kommandanten der Willibaldsburg.

Wilhelm Eisenhart
stammt aus einer Zinngießerfamilie in Eichstätt. Seit 1804 ist sie am Marktplatz in Eichstätt ansässig. Nach der Lehre ging er ein halbes Jahr nach Irland in eine Zinngießerei, in die es ihn später immer wieder für einige Wochen im Jahr zog. Eisenhart arbeitete dann im Betrieb seines Vaters und legte 1989 die Meisterprüfung ab. Er ist bundesweit bekannt und genießt in seiner Zunft ein hohes Ansehen.

Wilhelm Eisenhart aus Eichstätt ist Zinngießermeister. Der 51-Jährige kennt das Altmühltal, er fährt in seiner Freizeit Rad, wandert, ist mit der Familie unterwegs. Er liebt die Gegend, die Menschen, sein Handwerk und seine Frau. Der Familienbetrieb, den er führt, besteht seit 1804. Das Haus am Marktplatz in Eichstätt, wo er wohnt und arbeitet, ist sogar 700 Jahre alt. Es ist ein stattliches so genanntes Jurahaus mit geringer Dachschräge, einem kräftigen Dachstuhl und dicken Bruchsteinwänden. So typisch wie das Haus für die Gegend ist auch Eisenhart selbst – ein Original im Altmühltal.

EIN BIERKRUGDECKEL ENTSTEHT – HIER WIRD DAS GUSSSTÜCK PASSEND ABGEDREHT

Essen Sie selbst von Zinngeschirr?
Nicht immer, aber wir haben Zinnteller für deftige Speisen. Bratwurst mit Sauerkraut gehört darauf. Und wenn mal ein Teller herunterfällt, ist er nicht kaputt. In den Geschirrspüler tun kann man ihn auch, also alles ganz praktisch. Das Zinngeschirr wird von Hand gegossen, gedreht und poliert, es ist kein Blei drin und lebensmittelecht nach DIN 17810, der wir Zinngießer uns eidesstattlich unterworfen haben.

„Bei sakralen Kunstwerken lacht mein Handwerkerherz."

Was fertigen Sie denn noch so aus Zinn?
Früher wurden nur Bierkrüge bedeckelt. Das mache ich heute auch noch viel. Da ist jeder Zinndeckel ein hochwertiges Einzelstück. Ich habe noch 130 historische Deckelformen, aber auch ständig neue entwickelt. Es gibt viele Leuchter, Tisch- und Tafelgerät, individuellen Zinnschmuck und Zinnfiguren aus historischen Schieferformen. Ich restauriere auch alte Kerzenständer, und Barockzinn nimmt immer mehr Zeit in Anspruch. Wir haben Aufträge aus allen Teilen Deutschlands.

Eichstätt wurde gerade 1100 Jahre alt. Haben Sie da etwas beigesteuert?
Wir finden doch immer etwas Schönes. Eine Töpferei in Eichstätt hat zum Stadtjubiläum Bierkrüge geschaffen mit dem Stadtsiegel von 908. Ich habe mal nachgeschaut, was mein Großvater zum 1000-jährigen Jubiläum als Zinndeckel entworfen hatte. Den habe ich jetzt nachgebaut. Wirklich ein schöner Halbliterkrug ist das geworden, den will jeder haben.

Also kein aussterbendes Handwerk?
Wir haben sehr viel zu tun. In Deutschland gibt es immer weniger Zinngießer. Es sind etwa 15 oder 16, die im Bundesverband organisiert sind. Nach dem Zweiten Weltkrieg hatten wir in den 1970er und 1980er-Jahren zwar eine Nostalgiewelle, dann aber die Massenproduktion handwerksferner Industriebetriebe. Die Folge war: Das Handwerk ging nieder, Zinn wurde unbeliebt. Nach dem Gesundschrumpfen und dem Ende vom Kitsch wie „Hirsch im Wiesengrund" kam das Gebrauchsgeschirr wieder, schlicht und funktional. Auch die ganz alten Gussformen wurden wiederbelebt. Heute läuft der Absatz wieder gut.

Kommen die Leute zu Ihnen oder gehen Sie zu denen?
Ich sehe immer mehr, dass die Menschen Unterhaltung suchen. Event sagen ja manche dazu. Also komme ich heraus aus meiner Werkstatt und gehe auf Handwerkermärkte und Mittelaltermärkte, dahin, wo etwas los ist. Dann zeige ich meine Zinngießerei mit Brenner und Zangen ganz hautnah. Das fasziniert die Menschen. Und nach den Vorführungen kaufen sie auch gern meine schönen Stücke.

Wie sind Sie denn Zinngießer geworden?
Ich habe als Schüler in den Ferien in der Werkstatt meines Vaters mitgeholfen, um das Taschengeld aufzubessern. Dann konnte ich in Nürnberg eine Lehre machen, das reizte mich, und vor allem: in Banken oder in Ämtern zu arbeiten, fand ich langweilig, dahin wollte ich nicht gehen. Das

FEILEN SIND EIN WESENTLICHES WERKZEUG

Empfehlungen

von Wilhelm Eisenhart

Genuss: Erst Wandern im Anlautertal, dann Schwimmen im Bechthaler Weiher, danach nach Titting den Metzger Bösel besuchen und fränkische Bratwürste essen, anschließend in der Brauerei Gutmann einkehren.

Natur: Im Schambachtal bei Kipfenberg wandern gehen. Es gibt schöne Ausblicke, Flora und Fauna sind einmalig. Biber wurden angesiedelt, mit Glück findet man Biberburgen. Auf die Jurahöhen wandern und die Wälder genießen. Es ist eine der sehr schönen Schlaufen vom Panoramawanderweg. Nicht alle Schlaufen sind so gut.

Kultur: Eichstätts Dom und Diözesanmuseum, die Schutzengelkirche mit den 567 Engeln, die Kapuzinerkirche mit Darstellung des Heiligen Grabes. Ort der Stille und Besinnung ist die Gruft von St. Walburg in Eichstätt mit Hunderten Votivtafeln – für jede Gelegenheit im Leben die passende.

Wandern: Dietfurt mit dem historischen „Gasthof Stirzer", dann wandern am 500 Meter hohen Arzberg. Das Ottmaringer Tal ist sehenswert. Oder auch der Bereich Hahnenkamm, ein Höhenzug westlich von Treuchtlingen, einkehren im „Wettelsheimer Keller" bei günstigen Preisen, dann etwas weiter westlich der Hahnenkammsee sowie nördlich das Spielberger Schloss besuchen. Das ist etwas für Familien und für Wanderfreunde, die nicht so viel ausgeben wollen.

Handwerk ist die Erfüllung. Schauen Sie mal: Wenn ich so einen sakralen Ölbehälter – ich hatte drei Stück aus dem Dom von Speyer – in der Hand habe zum Restaurieren, dann lacht mein Handwerkerherz. Aber ich habe es mir aus freien Stücken überlegt, Zinngießer zu werden. Mein Vater hat die Zeit kurz vor und nach dem Zweiten Weltkrieg erlebt. Da gab es kein Zinn für uns, es ging in die Rüstung, oder später wurden Souvenirs für Amerikaner daraus gemacht.

Kennen Sie Lorenz Krach?
(Lacht). Ja. (Er steht auf und holt Bilder, auf dem er in der blauroten Uniform des Burgkommandanten der Willibaldsburg in Eichstätt zu sehen ist.)

Sind Sie im Nebenberuf Schauspieler?
Den Lorenz Krach habe ich 2006 erstmals gespielt in sechs Aufführungen. 2008 geht es weiter mit dem Krach-Festspielen. Krach hatte ab 1802 als Wirt auf der Willibaldsburg gearbeitet, das ist verbürgt. 1796 soll er mit einer List das französische Heer mit 12 000 Soldaten, das Eichstätt besetzte, in die Flucht geschlagen haben. Er ließ die Schießscharten der Burg mit 50 Zylinderhüten schmücken, so dass die Feinde dachten, es gebe eine Vielzahl verteidigungsbereiter Soldaten. Die Franzosen verhandelten mit Krach und ließen ihn mit seinem Gefolge ziehen. Als sie das allerdings sahen, brachen sie in Gelächter aus.

Da müssen Sie viel Text lernen. Wie machen Sie das?
Das bin ich gewohnt. Wir haben früher mit elf Aktiven politisches Kabarett gemacht hier in Eichstätt. Bis 2003 beleuchteten „Die Fensterputzer" die Kommunal- und Regionalpolitik. Die Politgrößen wurden in selbst verfassten Politkomödien dargestellt. Der Erfolg war riesig. Ansonsten spreche ich meine Texte auf Tonband und spiele sie beim Arbeiten in meiner Werkstatt ab. Ich stelle mir zu jeder Szene Bilder vor, die ich später abrufen kann.

Sie leben jetzt mehr als 50 Jahre im Altmühltal. Würden Sie nicht lieber mal in der Großstadt wohnen?
Nein, auf keinen Fall. Kultur, Natur und Menschen sind sich hier nah. Besser geht es nicht. Von zu Hause aus bin ich in fünf Minuten in unberührter Natur. Das liebe ich. Dann fahre ich gern mal mit dem Rad los und mache richtig Dampf. Dabei kann ich meine Seele hängen lassen. Das geht hier großartig. Eichstätt hat von jeher ein reges Kulturleben, und durch die Universität kommen viele interessante Menschen, die sich einbringen. So wird vermieden, dass die Stadt zu provinziell daherkommt. Außerdem sind München und Nürnberg nur eine Autostunde entfernt, und der Großstädter kocht auch nur mit Wasser.

Sie sprechen von den Menschen im Altmühltal, wie ordnen Sie diese ein?
Wir leben hier an der Grenze zwischen Bayern und Franken. Ganz in der Nähe liegt der geographische Mittelpunkt von Bayern. Wir sind also mittendrin. Die Bayern sind offen, die Franken eher zurückhaltend. Wir liegen dazwischen. Das gefällt mir. Eichstätt war Jahrhunderte lang selbstständiges Fürstentum, also weder Franken noch Bayern. Es hat sich ein eigener Menschenschlag entwickelt.

Wenn Sie mit Frau und Kindern mal hinausfahren. Wohin geht es dann?
Nach Westen nach Pappenheim und Solnhofen – ins Fränkische Seenland. Ein anderer Menschenschlag lebt da. Viele Grenzen verlaufen ganz in der Nähe. Da spürt man eine Änderung gegenüber Eichstätt. Diesen Übergang mag ich – und: Der Franke kocht besser. In der anderen Richtung um Beilngries, Berching und Dietfurt trifft man den typischen Oberpfälzer. Die Mischung stimmt bei uns.

Herr Eisenhart, vielen Dank für das Gespräch!

PORZELLANEINSATZ FÜR EINEN ZINNDECKEL

Ein perfektes Paar:
Zinndeckel auf Steingutkrug

MOECHTEN
DIE TEUTSCHEN WAS
NIE VERGESSEN WAS
DEN BEFREIUNGSKAMPF
NOTHWENDIG MACHTE
UND WODURCH SIE
GESIEGT.

Endspurt zur Donau

Von „Chinesen“ wird hier die Rede sein – allerdings von bayerischen. Es geht hinab in unterirdische Welten, durch die Flüsse fließen. Burgen, die zu den schönsten in Deutschland gehören, begleiten diesen Altmühlabschnitt. Erzählt wird vom Minnegesang, eine monumentale Befreiungshalle ist zu bewundern und eines der ältesten Klöster Bayerns.

Das Rund der Kelheimer Befreiungshalle flankieren 34 Göttinnen zur Erinnerung an die Siege über den Franzosenkaiser Napoleon

Mediterraner
Vorspeisenteller
5,50
Lamm
Hackbällchen
mit Reis und
Salat
7,80

01

02

03

04

Am Donnerstag vor Fastnacht erwacht Dietfurt um zwei Uhr morgens. Dann ziehen 40 eigenartig gekleidete „Gelbe Ameisen" mit „Kiliwau"-Rufen durch die Gassen und machen Lärm. Der Nationalfeiertag der „Dietfurter Chinesen" nimmt seinen Lauf. Um 13.61 Uhr – die Dietfurter mögen es eben besonders originell – setzt sich ein Maskenzug mit etwa 50 Gruppen in Bewegung. Gegen 15 Uhr wird auf dem „Platz des Himmlischen Friedens" – für den Rest des Jahres ist er ganz bürgerlich der Rathausplatz – ein Kaiser proklamiert, der frisch aus einem goldenen Ei geschlüpft für den Rest der Faschingssaison das Regiment an sich reisst – und das muntere Treiben nimmt nunmehr unkontrolliert und ganz bayerisch seinen Lauf.

Es waren schon viele ausländische Fernsehteams da, um dieses Kuriosum festzuhalten, das sich „Bayrisch China" nennt. Es geht zurück auf einen Kämmerer des Bischofs von Eichstätt, der im 18. Jahrhundert in Dietfurt Abgaben eintreiben wollte. Weil sie ihn nicht in die Stadt ließen, sagte er seinem Bischof: „Die Dietfurter kommen mir vor wie Chinesen, die sich hinter der Mauer verschanzen." Schon 1869 wurde das Gebiet in Dokumenten als „Chinesenviertel" abgetan. Seit 1928 machen sich die Dietfurter einen Jux daraus und feiern ihren „Chinesenfasching".

01 *Traditionelles Wirtshausleben und regionale Küche bietet der Dietfurter „Gasthof Stirzer"*
02 *„Dietfurter Chinesen" gibt es nur einmal im Jahr, den Chinesenbrunnen dagegen immer*
03 *Der Blautopf am Altmühltalrand bei Essing – wegen seiner Färbung so genannt – ist eine Karstquelle*
04 *Auch Angler zieht es an den Main-Donau-Kanal*

01

02

Die Veranstaltung Ende Januar oder Anfang Februar ist inzwischen eine Touristenattraktion geworden. Es gibt einen zweifelhaft schönen Chinesenbrunnen und eine Hymne. Aber Fasching in Bayern ist ohnehin Geschmacksache.

Im Tiefenrausch

Was den Untergrund angeht, ist die Frankenalb in diesem Teil bis Kelheim ziemlich hohl – und zwar wegen einer Vielzahl Karsthöhlen. Manchmal reichen die Verwitterungsanzeichen bis an die Oberfläche. Östlich von Dietfurt beispielsweie sind im Herrenholz so genannte Dolinen, trichterförmigen Senken, zu sehen. Karst, das Wort bezeichnet meist Kalksteinebenen, in denen sich die Niederschläge kaum am Boden halten, sondern schnell in Spalten und Rissen versickern. Unterirdische Seen und Flüsse entstehen, die sich im Untergrund Räume und Wege suchen oder ausspülen, um abfließen zu können.

Die Kalksteinhöhen entlang der Altmühl zeigen die für Karstregionen charakteristischen Erscheinungen – Dolinen, Höhlen und Quelltöpfe.

Die Karstgruppe von Mühlbach stieß vor einigen Jahren auf unterirdische Gänge von bis zu acht Metern Durchmesser und hatte den ersten Höhlenfluss in der Fränkischen Alb entdeckt – die Mühlbachquellhöhle. Durch das unterirdische Labyrinth zu gehen, ist aber nicht ungefährlich und deshalb für Besucher nicht möglich. Um dennoch einen Eindruck von dieser Unterwelt zu bekommen, führt ein höhlenkundlicher Weg von neun Kilometern Länge von Mühlbach aus durch das Herrenholz. „Oben" wird auf Tafeln erläutert, was sich 100 Meter tiefer abspielt.

01 *Im Falkenhof der Riedenburger Rosenburg*
02 *Farbenpracht im Riedenburger Kristallmuseum*
03 *Altneue Bebauung nahe der Schiffsanlegestelle in Riedenburg*
04 *Kanalabwärts geht der Blick vom Rosskopf bei Deising – auf dem Talrücken Schloss Eggersberg*

„Möchten die Teutschen nie vergessen, was den Befreiungskampf nothwendig machte und wodurch sie gesiegt!“

Bayernkönig Ludwig I. 1863, in den Marmorboden der Befreiungshalle gemeißelt

Wer einmal eine vergleichbare Höhle durchwandern möchte, dem sei die Tropfsteinhöhle Schulerloch ein paar Kilometer vor Kelheim empfohlen. Die Urdonau hat dort den Kalk ausgehöhlt, was frühe Menschen als Unterschlupf genutzt haben sollen. Später hätten hier keltische Druiden eine Schule betrieben, weshalb sich der Name Schulerloch eingebürgert hat. Wer in den großen „Tempelraum“ im Innern der Höhle tritt, erlebt bei allerlei Lichteffekten und Klängen eine fast verwunschene Welt mit bizarren Schatten. Gelegentlich röhrt auch ein australisches Didgeridoo, oder Harfenspieler erfüllen den Raum mit keltischen Klängen.

Riedenburger „Sängerknaben“

Ganz andere Töne erklangen in Riedenburg. Wer vom Marktplatz aus zum Schiffsanleger hinunter geht, findet einen lebensgroßen Minnesänger aus Bronze. Er schaut zum Kanal, lässt seinen Liedtext aus der rechten Hand rollen und weist mit der linken hoch zur Rosenburg. Dort oben hatten in der ersten Hälfte des 12. Jahrhunderts zwei bekannte Minnesänger gelebt, Mitglieder der Riedenburger Grafenfamilie. Heinrich III. und einer seiner Söhne gelten als die ersten Minnesänger Bayerns. Sie sind in der großen Heidelberger „Manesseschen Liederhandschrift“ verewigt. Bis ins 13. Jahrhundert war Minnegesang sehr populär, er war Teil der ritterlichen Kultur, und ein gekonnt vorgetragenes, als literarische Leistung zu sehendes Minnelied genoss seinerzeit ebenso viel Anerkennung wie ein Turnier- oder Jagderfolg.

Auch am anderen Ufer der Altmühl, auf Burg Prunn, wurde damals hingebungsvoll gesungen – wenngleich dies nicht als romantische Schwärmerei misszuverstehen ist. Davon zeugen Fragmente in den Wachstuben, aber auch der Fund einer Handschrift des Nibelungenliedes. Fast zur selben Zeit dichtete mehr als hundert Kilometer flussaufwärts ein anderer Minnesänger an seinen Strophen: Wolfram von Eschenbach, der durch sein Epos „Parzival“ berühmt wurde.

Der Kanal bringt Touristen

Heute führt der Main-Donau-Kanal zur wirtschaftlichen Blüte. So umstritten das Projekt zunächst war, seit seiner Eröffnung 1992 erleben Gastronomie und Hotellerie nicht nur in Riedenburg gute Zeiten. Tausende Gäste schätzen es, auf dem Wasserweg unterwegs zu sein, sich unterhalten und bewirten zu lassen. Das kommt auch zwei Traditionsbrauereien im Familienbesitz zugute, mehr als 100 Handwerksbetrieben und 80 Einzelhandelsgeschäften.

01 *Das Schambachtal bei Hexenagger ist ein stilles Refugium für Wanderer*
02 *Hoch über der Donau strahlt die Befreiungshalle seit 1838 auf dem Kelheimer Michelsberg*

01

02

03

Lange besaß Essing die längste Holzbrücke in Europa – bis dieser „Titel" 2006 an das thüringische Ronneburg verloren wurde.

Das ist selten in einer (Kauf-) Welt, die fast nur noch aus Handelsketten besteht. Die Touristen wissen das „Open-Air-Kaufhaus Altstadt" zu schätzen, wie es die Riedenburger nennen. Hinter ansprechenden Fassaden reiht sich Fachgeschäft an Fachgeschäft.

Kelheim liegt zu Füßen

Von den äußeren Säulen oben in der Befreiungshalle hoch über Kelheim geht der weite Blick zur Mündung der Altmühl oder des Main-Donau-Kanals in die Donau. Irgendwo dahinten am Industriehafen fließt das Wasser, das einmal aus dem Hornauer Weiher kam, in Richtung Schwarzes Meer. Wer von der Quelle bis hierher geradelt ist oder auch mit dem Auto fuhr, hat das Gefühl, den am langsamsten fließenden Fluss Deutschlands in seiner Vielfalt entdeckt zu haben. Vielleicht hat sich der Urlauber selbst dabei etwas verlangsamt, wie es sich für die Wochen der Muße gehört.

Die Befreiungshalle setzt den Schlusspunkt unter eine Altmühlreise, und dieser könnte schöner kaum sein. Das massige Rund, das an die Befreiung vom Joch Napoleons mit der Völkerschlacht von Leipzig 1813 und die beginnende Einheit Deutschlands nach 1815 erinnert, wirkt kolossal, griechisch-antik und ästhetisch zugleich. Drinnen symbolisieren die 34 weißen Siegesgöttinnen in Überlebensgröße aus Carraramarmor die einstigen deutschen Kleinstaaten. Bronzeschilder erinnern an zahllose blutige Schlachten.

Nicht weit entfernt sind die Reste eines Keltenwalls zu sehen. Schon im 5. vorchristlichen Jahrhundert hatten die Kelten dort oben ihre Siedlung und ihren Handelsplatz Alkimoennis errichtet. Auch das erinnert an den Beginn der Reise, denn auf dem Berg Ipf bei Bopfingen im Nördlinger Ries thronte zu derselben Zeit ein keltischer Fürstensitz.

Im Schiff zum Kloster

Am Wöhrdplatz beim Postamt in Kelheim heißt es: Einsteigen bitte! In einem bequemen Fahrgastschiff kann der Reisende bei einer Tasse Kaffee und etwas Kuchen die engste Stelle der Donau mit ihren beeindruckenden Kalkfelsen betrachten. Das Ziel ist ein kultureller Höhepunkt, das Kloster Weltenburg. Schon vor 4000 Jahren wurde auf dem Felsvorsprung gesiedelt. Weltenburg gilt daher als die älteste menschliche Niederlassung in Bayern.

Doch zunächst passiert das große Schiff Felsen wie etwa „Peter und Paul" – die aber auch „Max und Moritz" genannt werden, wie der Kapitän über seine Lautsprecher erläutert. Grüne Tafeln am Ufer zeigen die

01 *Der Postkartenblick auf Essing: die Bruck mit dem jahrhundertealten Brucktor*
02 *Altmannstein drängt sich unterhalb der Burg um seine Heilig-Kreuz-Kirche*

03 *Essings Stolz ist die bautechnisch ungewöhnliche und aufwändige Holzbrücke, die Fußgängern die Querung von Altmühl und Kanal ermöglicht*

01

02

03

04

SPECIAL Weltenburg

Juwel der Brüder Asam

Vor dem ersten kühlen Klosterbier im Innenhof empfiehlt sich ein Blick in die Klosterkirche. Wer dann in die Höhe schaut, sieht die Deckengemälde der „Ecclesia triumphans", der triumphierenden Kirche. Durch den Einfall von Tageslicht in der Höhe erscheinen sie besonders plastisch.

Der Maler Cosmas Damiam Asam hat die Klosterkirche entworfen. Zusammen mit seinem Bruder Egid Quirin, dem Bildhauer und Stuckateur, schuf er ein herausragendes Kunstwerk des europäischen Barocks. 1718 wurde die Kirche eingeweiht. Bereits um 600 nach Christus hatten iroschottische Wandermönche in der von starker Strömung geschützten Donauschleife das Kloster Weltenburg gegründet – Ausgangspunkt für die Missionierung der bayerischen Region. Das Kloster blühte, bis die gottlosen Zeiten des Dreißigjährigen Kriegen Zerstörung, aber auch einen Neuanfang brachten. Heute gehören 17 Mönche zum Konvent, der sich nach benediktinischem Verständnis personell und wirtschaftlich selbst am Leben erhalten muss. Die Weltenburger Benediktiner betreuen vier Pfarreien. Die Schreinerei, die Gärten, die Bienenhäuser, die Begegnungsstätte mit ihren Seminaren und auch die berühmte Klosterbrauerei, alles wird von Mönchen betrieben.

Wer sich anschaulich über die Vergangenheit Weltenburgs vom subtropischen Meer bis heute informieren will, sollte die paar Stufen in den Felsenkeller zur multimedialen Ausstellung hinabsteigen. Es lohnt sich, denn 1971 erhielt die Region das Europadiplom besonders schutzwürdiger Landschaften. Die fünf Fahrgastschiffe verkehren deshalb auch nur mit begrenzter Frequenz und Geschwindigkeit. Wer dann noch im Hofladen des Klosters einkaufen oder am Ufer der Donau verweilen will, sollte die letzte Rückfahrt nicht verpassen, die deutlich zügiger vonstatten geht als die Hinfahrt. Da die Fließgeschwindigkeit der Donau hier bei durchschnittlich 2,5 Metern pro Sekunde liegt, schafft das Schiff die sechs Kilometer zurück bis Kelheim in zwanzig Minuten. Für den Hinweg wurde noch die doppelte Zeit gebraucht.

Ausschnitt aus dem Asam-Fresko der Klosterkirche

Entfernung zur Mündung der Donau im Schwarzen Meer an. Hier ist Kilometer 2417,4 zu sehen. Eine Besonderheit, denn normalerweise wird bei Flüssen von der Quelle zur Mündung gezählt. Bei der Donau ist es umgekehrt, denn sie ist eine Schifffahrtstraße eigener Ordnung.

Und eigener Bedeutung. Einst wurden die Kähne mit Weißem Gold von Bad Reichenhall über den Inn bis Passau gefahren und dann auf der Donau hinauf bis Ingolstadt getreidelt. Im Fels sind noch eiserne Ringe für die Seile zu sehen, die ermöglichten, die Felsenenge und die Strömung dort zu überwinden. Denn jetzt wird es tatsächlich schmal: An der Weltenburger Enge, nur 80 Meter breit, nähert sich das Schiff den Felswänden bis auf wenige Meter.

01 *Mit der „Zille" hinüber nach Weltenburg*
02 *Die Donau zwängt sich durch die so genannte Weltenburger Enge*
03 *Blick von der Enge auf die Klosterbauten*
04 *Die Weltenburger Klosterbrauerei serviert im Biergarten ihre Bockbierspezialität*

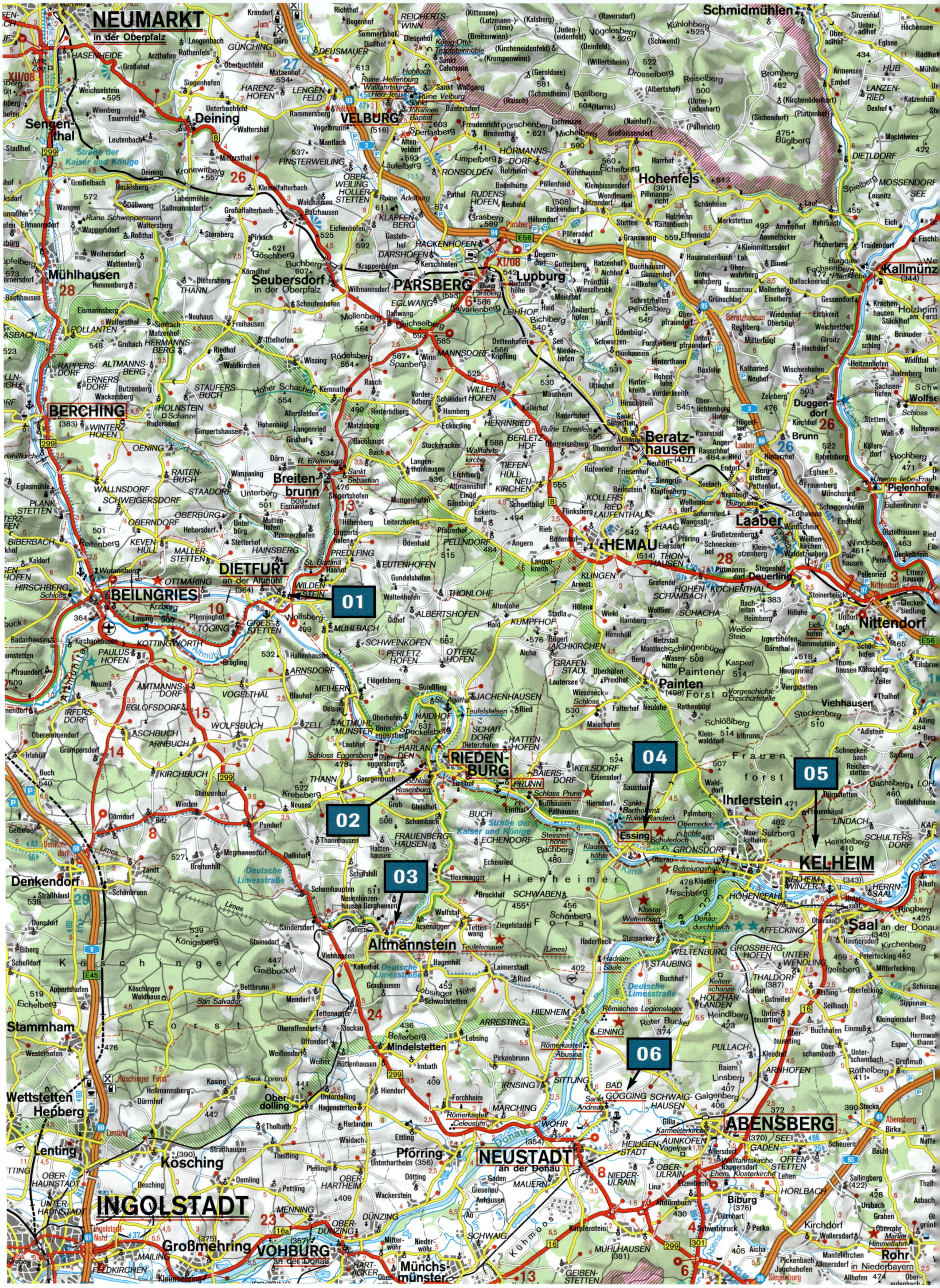

NEUMARKT in der Oberpfalz
Deining
Velburg
Hohenfels
Parsberg
Lupburg
Seubersdorf in der Oberpfalz
Mühlhausen
Berching
Breitenbrunn
Beratzhausen
Laaber
Hemau
Dietfurt an der Altmühl
Beilngries
Nittendorf
Painten
Riedenburg
Ihrlerstein
Kelheim
Essing
Saal an der Donau
Altmannstein
Denkendorf
Stammham
Mindelstetten
Abensberg
Neustadt an der Donau
Kösching
Ingolstadt
Großmehring
Vohburg an der Donau
Münchsmünster
Rohr in Niederbayern
Kallmünz
01
02
03
04
05
06

Mit einem Fuß an der Donau

Es sind die rund 35 Kilometer entlang dem Main-Donau-Kanal, die eine Reise von der Quelle – eher ein beschaulicher Weiher – bis zur Mündung in die Donau bei Kelheim vervollständigen. Bayerisch China in Dietfurt, Riedenburg mit seinen Burgen, die geradezu klassische Altmühlbrücke von Essing und die Tropfsteinhöhle Schulerloch sind einige der Höhepunkte auf diesem letzten Teil der Altmühlreise.

01 DIETFURT

Die „Siebentälerstadt" in wasserreicher Gegend mit vielen Mühlen ist wegen ihres Faschingsbrauchs auch als „Chinesenstadt" bekannt. Im 11. Jh. gegründet, kam Dietfurt 1305 an die Wittelsbacher, die den heuten Erholungsort (6100 Einw.) 1416 zur Stadt erklärten. Der Chinesenbrunnen von 1962 und eine chinesische Ausstellung im Erdgeschoss des Rathauses gehen auf ein kurioses Ereignis zurück: Der Kämmerer des Bischofs erhielt keine Steuern und beschimpfte die Dietfurter als hinter ihrer Mauer verbarrikadiert wie Chinesen.

SEHENSWERT Behäbig zeigt sich der Marktplatz mit **Rathaus** (1479) und **Pfarrkirche St. Ägidius** (15. Jh. und 1734), die mit ihrem 60 m hohen Turm die anderen vier Kirchen überragt. Das barocke **Franziskanerkloster** ist heute Meditationszentrum.

MUSEEN Im **Altmühltaler Mühlenmuseum** ist noch laufender Mühlbetrieb zu erleben; bis 1950 erzeugt die „Regnatmühle" Strom für Dietfurt (Hauptstraße 51; tgl. 8.00–20.00, Führungen 10.00, 14.00 und 16.00 Uhr). Das **Museum im Hollerhaus** in typischer Jura-Bauweise zeigt u. a. beim Bau des Main-Donau-Kanals gemachte Funde (Pfarrgasse 6; Mai-Mitte Okt. Mi. 14.00 bis 18.00, Sa. 15.00–18.00, So. und Fei. 14.00–17.00 Uhr). In der Nähe der Schleuse am Main-Donau-Kanal wird das **Erlebnisdorf Alcmona** (keltisch Altmühl) mit rekonstruierten Häusern der Eisen- und Keltenzeit aufgebaut (Breitenbrunner Straße 6, Tel. 08464/1848, www.alcmona.de).

AKTIVITÄTEN Die **Dietfurter Wasserwege** mit 13 Stationen unterschiedlichster Gewässersysteme sind zu Fuß oder per Rad zu entdecken. Die **Mühlbachquellhöhle** lässt sich nicht besichtigen, aber in Mühlbach beginnt ein informativer Rundwanderweg (www.hkwwm.de).

UMGEBUNG **Breitenbrunn** (nördl.) ist ein kleiner Erholungsort an der Wissinger Laaber mit viel Natur und der Wallfahrtskirche St. Sebastian (14. und 18. Jh.) sowie der barockisierten Pfarrkirche Mariä Himmelfahrt, die mit der Tillymonstranz, einer Silberarbeit von 1507, ebenso wie das Tillyfest im Sept. daran erinnert, dass der Ort 1624 dem bekannten katholischen Feldherrn des Dreißigjährigen Kriegs Johann t'Serclaes Graf von Tilly (1559–1632) geschenkt wurde.

Da kommt Freude auf: Riedenburger Altmühlbob

INFORMATION
Tourist-Information, Rathaus, Hauptstraße 26
92345 Dietfurt an der Altmühl, Tel. 08464/640019
Fax 08464/640033, www.dietfurt.de

02 RIEDENBURG

Die Drei-Burgen-Stadt mit 5700 Einw. sieht sich als „Perle im Naturpark Altmühltal". 1112 erwähnt, kam Riedenburg Ende des 12. Jh. an die Wittelsbacher. 1329 wurde es Stadt und gehörte zu Oberbayern. 1836–1846 ließ König Ludwig I. den 173 km langen Ludwig-Main-Donau-Kanal von Kehlheim bis Bamberg bauen; Riedenburg bekam eine Schleuse.

SEHENSWERT Die **Rosenburg** (13. und 16. Jh.) war urspr. Sitz der Burggrafen von Riedenburg (Mitte März-Okt. Di.–So. 9.00–17.00 Uhr); der Falkenhof zeigt Geier, Adler und Falken (Falknereimuseum, www.falkenhof-rosenburg.de; Flugvorführungen Di.–So. 11.00 und 15.00 Uhr). Mit einem Spaziergang sind die beiden verträumten Burgruinen **Rabenstein** und **Trachenstein** zu erreichen; der Rundweg „Drei-Burgen-Steig" beginnt am Marktplatz.

MUSEEN Im **Kristallmuseum** steht die größte Bergkristallgruppe der Welt (7,8 t schwer), 1981 in einer Quarzmine von Westarkansas gefunden (Bergkristallstraße 1, www.kristallmuseum-riedenburg.de; März–Okt. 9.00–18.00 Uhr). Wiedergabegeräte von der Spieluhr bis zu Digitaltechnik zeigt das **Klingende Museum** (Mühlstraße 3; Mo., Di. Do. und Fr. 9.00–12.00 und 14.00–18.00, Mi.und Sa. 9.00–11.00, So. 14.00–17.00 Uhr). Das **Meeresmuseum Ozeania** präsentiert 3500 Exponate, vor allem Muscheln und Schnecken (Bruckstraße 4, www.meeresmuseum-ozeania.de; April–Okt. Do. bis Di. 10.00–18.00 Uhr).

AKTIVITÄTEN Die **Sommerrodelbahn Altmühlbob** mit Kreisel, Steilkurven und einer 1 km langen Talfahrt zieht große und kleine Abenteurer an (am St.-Agatha-Badesee nördl. Haidhof, www.altmuehlbob-riedenburg.de; März–Okt. tgl. 10.00 bis 17.30, im Sommer bis 20.00 Uhr,) Der naturnahe **Freizeitsee** St. Agatha wird von der Wasserwacht betreut (Tel. 09442/2056). Vom Anleger in der Innenstadt aus lassen sich **Tagesschifffahrten** auf dem Main-Donau-Kanal unternehmen (Personenschiffahrt im Donau- und Altmühltal, 93305 Kelheim, Tel. 09441/5858, www. schiffahrt-kelheim.de).

VERANSTALTUNG Alle zwei Jahre belebt ein **Mittelalterfest** mit historisch kostümiertem Festzug die Altstadt (wieder Juni 2009).

UMGEBUNG **Schloss Eggersberg** (Urspr. 10. Jh.) mit Hofmarkmuseum (Fundstücke aus der Hallstattzeit bis zu zeitgenössischen Gemälden) und Hotel liegt etwas westl. (www.schloss-eggersberg.eu; April–Okt. Mi.–So. 14.00–17.00 Uhr).
Alte Traktoren und Geräte sind südl. im **Bauernhof Museum Echendorf** zu sehen (Echendorf 11, www.ferienhof.net; tgl. 8.00–17.00, Vorführungen So. 13.00–17.00 Uhr).
Burg Prunn (südöstl.) auf einem hohen Jurafelsen gilt als eine der besterhaltenen Ritterburgen in Deutschland. 1037 erwähnt, gehörte sie bald den Wittelsbachern, dann den Fraunbergern vom Haag; deren Wappen (Schimmel auf rotem Grund) ist noch heute an der Burg zu sehen. Im 14. Jh. war sie ein Zentrum des Minnegesangs; hier wurde eine Handschrift vom Nibelungenlied („Prunner Codex") gefunden. Zu sehen sind barocker Stuck und mittelalterliche Fresken (www.schloesser.bayern.de; April–Sept. tgl. 9.00–18.00, sonst Di. bis So. 10.00–16.00 Uhr).

INFORMATION
Touristinformation, Marktplatz 1
93339 Riedenburg, Tel. 09442/905000
Fax 09442/905002, www.riedenburg.de

Tipp

Buchen sollst du suchen

Die Bavaria-Buche ist sogar in Landkarten verzeichnet. Sie ist nördlich von Pondorf an der B 299 Richtung Beilngries zu finden. Das weltbekannte Naturdenkmal, das vielfach und zu allen Jahreszeiten fotografiert wurde, hat 9 m Stammumfang und wird auf 500 bis 800 Jahre geschätzt. Rotbuchen binden etwa 6 kg Kohlendioxid pro Tag – ein interessanter Aspekt angesichts der derzeitigen Diskussion. Doch langsam scheint sich das Leben dieses alten Baumes dem Ende zu nähern. Ein Projekt unterstützt daher den Verkauf von Zöglingen der Bavaria-Buche.

03 ALTMANNSTEIN

Die Marktgemeinde (6800 Einw.) liegt im Wanderparadies Schambachtal, einem der schönsten Nebentäler der Altmühl. Südl. verlief der Limes. Kaiser Ludwig der Bayer verlieh 1331 dem Ort Marktrecht. Der hier geborene Franz Ignaz Günther (1725–1775) wurde als Rokoko-Bildhauer berühmt; seine meist kirchlichen Werke sind in ganz Süddeutschland zu finden.

SEHENSWERT Unterhalb der **Burgruine Altmannstein** (Urspr. 12. Jh.) erhebt sich die **Heilig-Kreuz-Kirche** (1760–1764) mit einem Kruzifix Franz Ignaz Günthers.

MUSEEN Das **Marktmuseum** im ehem. Gasthof Hofer ist den Themen Limes, Früh- und Ortsgeschichte gewidmet (Mühlgasse 3; Mai–Okt. So. 10.00–12.00 Uhr). Das **Ignaz-Günther-Museum** in der ehem. väterlichen Werkstatt Günthers zeigt Werke der Bildhauerfamilie (Ignaz-Günther-Gasse 1; Mai–Okt. So. 10.30 bis 12.00 Uhr).

AKTVITÄTEN Der ausgeschilderte **Wanderweg** entlang der Schambach von Altmannstein nach Riedenburg und zurück dauert etwa 5 Std. (19 km), ein **Rundweg** im Wacholder- und Wolfstal von Hexenagger aus 3 Std. (10 km).

UMGEBUNG In **Hexenagger** (nördl.) ist in der Hammerschmiede wassergetriebene und mittelalterliche Schmiedetechnik zu sehen (Tel. 09442/1386), im Schloss Hexenagger (überw. 17. Jh.) Ritterturniere im Juli, Theater im Juli und Aug. und Weihnachtsmarkt (Tel. 09442/918310, www.schloss-hexenagger.de).

Farbenspiel im Schulerloch

INFORMATION
Verkehrsamt, Marktplatz 4
93336 Altmannstein, Tel. 09446/90210
Fax 09446/902121, www.altmannstein.de.

04 ESSING

Der Marktort (1000 Einw.) schmiegt sich an die Felsen und nennt eine der längsten Holzbrücken Europas sein Eigen. Wegen günstiger Lage zwischen Fels und Fluss schon zur Bronzezeit besiedelt, nannten die Kelten den Ort „Waffenschmiede“. Die über 1000 Jahre alte Ruine Randeck hoch darüber wird zu den ältesten Burgen Bayerns gerechnet. Ein kleiner, von Anglern geschätzter Rest vom Ludwig-Main-Donau-Kanal blieb erhalten.

SEHENSWERT Die **Ruine Randeck** kann besichtigt werden und ist Kulisse für Konzerte (Tel. 09447/322; März–Nov., 9.30–18.00 Uhr). Die alte **Bruck** (Holzbrücke, 46 m lang) mit dem gotischen **Brucktor** im Ort ist Essings Wahrzeichen. Die 193 m lange **Holzbrücke** (3,20 m breit), eine seltene so genannte Spannbandkonstruktion aus verleimten Holzbalken, zieht sich über Kanal und Fluss.

AKTIVITÄTEN Ein **Hochseilgarten** befindet sich im Hammertal nördl. Essing (Naturfreundehaus Sausthal, Kreisjugendring Kelheim, Tel 09441/29307, www.hochseilgarten-kelheim.de; tgl. 8.00 bis 20.00 Uhr nur nach Absprache). **Linienschiffe** halten am Anleger zwischen Neu- und Altessing.

UMGEBUNG Die **Tropfsteinhöhle Schulerloch** zwischen Essing und Kelheim ist bei halbstündl. Führungen zu besichtigen. Es gibt zahlreiche Veranstaltungen in den Höhlen mit Musik und Lichtzauber (Tel. 09441/3277, www.schulerloch.de; Mai–Mitte Sept. 10.00–17.00, April und Mitte Sept.–Okt. 10.00–16.00 Uhr; Bushaltestelle Altessing/Schulerloch, etwa 5 Min. steiler Anstieg zu Fuß, dann leichter Weg).

INFORMATION
Fremdenverkehrsamt, Marktplatz 1
93343 Essing, Tel. 09447/920093
Fax 09447/9911077, www.marktessing.de

05 KELHEIM

Die lebendige Kreisstadt mit 15600 Einw. ist der touristische Mittelpunkt an Altmühl und Donau. Seit der Altsteinzeit besiedelt, wurde Kelheim von den Kelten im 5. Jh. v. Chr. als Handelssitz ausgebaut; es gibt auch Funde aus der Römerzeit. 866 erwähnt (1181 Stadtrecht), war der heutige Verwaltungssitz des gleichnamigen Kreises bis 1231 Residenz der Wittelsbacher. Erst der Bau des Ludwig-Main-Donau-Kanals bis 1846 brachte wieder eine gewisse Bedeutung, bis heute vor allem durch den Donauhafen.

SEHENSWERT Die historische **Altstadt** besitzt noch drei Stadttore (13. und 14. Jh.). Zum Gedenken an den Sieg über Napoleon ließ Bayernkönig Ludwig I. (Großvater des „Märchenkönigs“ Ludwig II.) 1842–1863 auf dem Michelsberg die **Befreiungshalle** **TOPZIEL** bauen, heute Wahrzeichen Kelheims und mit Blick auf die Stadt, die Donau und die Mündung des Main-Donau-Kanals (www.schloesser.bayern.de; Mitte März bis Okt. 9.00–18.00, sonst 9.00–16.00 Uhr).

AKTIVITÄTEN **Keldorado** nennt sich das Erlebnisbad (Rennweg 60, www.keldorado-kelheim.de; Sommer tgl. 9.00–20.30, Winter

In der Kelheimer Befreiungshalle

Mo.–Fr. 9.00–21.00, Sa., So. und Fei. 9.00 bis 20.00 Uhr). **Schifffahrten** auf dem Main-Donau-Kanal, der Donau und nach Weltenburg veranstalten mehrere Betriebe (Personenschiffahrt im Donau- und Altmühltal, 93305 Kelheim, Tel. 09441/5858, www.schiffahrt-kelheim.de).

MUSEEN Das **Archäologische Museum** bietet eine gute Präsentation der Zeit von frühen Menschen über Kelten, Römer bis ins Mittelalter und zur Stadtgeschichte in dem spätgotischen früheren Getreidespeicher Herzogskasten (15. Jh.; Lederergasse 11, www.archaeologisches-museum-kelheim.de; April–Okt. Di.–So. 10.00–17.00 Uhr). Vom Museum führt ein archäolog. Lehrpfad zum Michelsberg und nach Weltenburg. Die frühere Klosterkirche des 1471 gegründeten Franziskanerklosters beherbergt heute auch ein **Orgelmuseum** (www.orgelmuseum-kelheim.de; April bis Okt. Di.–So. 14.00–17.00 Uhr, Mai–Sept. Do. 20.00 Uhr Orgelkonzertino).

UMGEBUNG Die **Benediktinerabtei Weltenburg** TOPZIEL liegt im Naturerbe Weltenburger Enge und wird jährlich von rund einer halben Mio. Menschen besucht. Das älteste Kloster Bayerns wurde um 600 von iroschottischen Wandermönchen gegründet (s. auch S. 115) und ist tgl. bis Einbruch der Dunkelheit geöffnet (Tel. 09441/2040, www.kloster-weltenburg.de; Gottesdienste Mo.–Fr. 7.00 und 18.00, So. 7.30, 10.30 und 17.45 Uhr in der Klosterkirche St. Georg). In der angeschlossenen Akademie gibt es Konzerte, Tagungen und Seminare (Benediktinerabtei Weltenburg, Begegnungsstätte St. Georg, Asamstraße 32, 93309 Kelheim, Tel. 09441/204136, www.kloster-weltenburg.de). Eine der ältesten Klosterbrauereien der Welt läßt sich bei Führungen kennenlernen (April–Okt. Sa., So. und Fei. 11.30, 13.00, 14.30 und 16.00, Mai–Okt. auch Fr. 14.00 und 15.30 Uhr).
Eine alternative „Anreise" bieten die Seilfähre von Stausacker und das Personenboot „Zille" (Tel. 09441/4739 oder Tel. 0160/8807378; März–Okt., tgl. 8.00–11.00 und 12.00–17.00 Uhr).

INFORMATION
Touristinformation, Ludwigsplatz 14
93309 Kelheim, Tel. 09441/701243
Fax 09441/701207, www.kelheim.de

06 BAD GÖGGING

Der kleine Kurort bei Neustadt an der Donau hat sich dem Thema Wellness verschrieben. Schon die Römer erholten sich dort. Den großen Umbruch brachte das Bäderinteresse im 19. Jh. – 1880 eröffnete ein Kurhaus, 1919 erfolgte die Anerkennung als Kurort.w

Tipp

Wo die Audis entstehen

Am Südrand der Region in Ingolstadt bietet die Audi-Fabrik eine Erlebniswelt rund um ihre Fahrzeuge. Wer die alten Modelle der Firma, die Rennwagen sowie die moderne Autoproduktion sehen will, braucht einen halben Tag Zeit. Es werden Führungen angeboten, das „museum mobile" zeigt rund 80 Exponate.

Audi Forum Ingolstadt, 85045 Ingolstadt, Tel. 0800/2834444, www.audi.de; museum mobile tgl. 9.00–18.00 Uhr

MUSEEN An die Ursprünge erinnert das **Römische Museum für Kur- und Badewesen** in der romanischen ehem. Kirche St. Andreas, einst auf einer Badeanlage errichtet (März–Okt. Di.–So. 16.00–17.00 Uhr). Auf 80 n. Chr. geht das **Römerkastell** im benachbarten Eining zurück, in dem bis ins 5. Jh. römische Soldaten Dienst taten; die Mauerreste lassen die Weitläufigkeit erahnen (April–Okt. tgl. 9.00–18.00 Uhr).

AKTIVITÄTEN Die **Limes-Therme** steht mit Römer-Sauna und Heilquellen in einer großen Tradition und hat auch Thermal- und Schwefelwasser (Am Brunnenforum 1, www.limes-therme.de; tgl. 8.00–20.00, Do. bis 22.00 Uhr).

VERANSTALTUNG Ein typisch bayerischer Brauch ist der **Leonhardiritt** mit Pferdesegnung im Okt.

INFORMATION
Tourist-Information, Heiligenstädter Straße 5
93333 Bad Gögging, Tel. 0800/46344464
Fax 09445/957533, www.bad-goegging.de

Nicht versäumen!

ERLEBEN

Wo die Adler fliegen
Auf der Rosenburg oberhalb von Riedenburg sind fast täglich Flugvorführungen der Adler, Geier und Falken zu sehen. Und auch selbst hat man einen herrlichen Blick hinab auf Main-Donau-Kanal, Riedenburg und die Talhänge.

Siehe Nr. 02

AKTIV

Im Sommer rodeln
Die Sommerrodelbahn „Altmühlbob" bei Riedenburg ist etwas für die ganze Familie, wenn diese den Bauchkitzel mag. In der Nähe liegt ein naturnaher Badesee – zum Abkühlen nach der heißen Fahrt.

Siehe Nr. 02

ERLEBEN

In der Höhle der Druiden
Das Schulerloch soll einst eine Schule keltischer Druiden gewesen sein. Heute sind bei einem Gang durch die Tropfsteinhöhle bizarre Felsen und Schatten zu sehen. Abends werden Licht- und Musikshows veranstaltet.

Siehe Nr. 04

KULTUR

Freier Blick von der Halle
Die Befreiungshalle auf dem Michelsberg über Kelheim erinnert an die Befreiungskriege gegen Napoleon. Von dort oben sind die Stadt sowie Altmühl und Donau bestens zu sehen – diesen Ausblick sollte niemand verpassen.

TOPZIEL Siehe Nr. 05

KULTUR

Heiligtum in der Natur
Das Kloster Weltenburg an der Donau ist ein besonderer Ort, der sich mit dem Schiff oder zu Fuß erreichen lässt. Es ist die Ausstrahlung der Benediktinerabtei mit ihrer barocken Kirche, die jährlich 500 000 Besucher dorthin zieht.

TOPZIEL Siehe Nr. 05

ALTMÜHLTAL
für Genießer

Bier, Bratwürste und Karpfen – entlang der Altmühl versteht man sich meisterhaft auf Traditionelles. Und vor allem wird Wert darauf gelegt, dass die Zutaten aus der Region kommen.

BIER

HOPFEN UND MALZ ...

Ein Besuch beim Brauer

Rund 20 Brauereien sind in der Region aktiv. Sie erfreuen mit ihren Produkten die Gäste in den Biergärten und im Wirtshaus. Manch Brauer lässt sich auch über die Schulter schauen und zeigt seine Tradition. Andere lassen das Bier in die Box laufen – ganz etwas Neues.

Weizenbier ist immer frisch

Sich im Sommer in den Biergarten setzen und ein Hefeweizen bestellen. Das löscht den Durst nach dem Wandern oder Radfahren. Wer dann vielleicht mal auf das Etikett der Flasche schaut, findet oft ein Bier aus der Region. 650 Brauereien gibt es heute in ganz Bayern. Im Altmühltal und drum herum existieren noch etwa 20, die großen Wert darauf legen, ausschließlich diese Gegend zu beliefern.

„Wir verkaufen nicht weiter als 80 Kilometer im Umkreis", sagt zum Beispiel Hans Gutmann aus Titting, rund 25 Kilometer nördlich von Eichstätt. Mit 40 Mitarbeitern und rund 120 000 Hektolitern Weißbier im Jahr zählt der Familienbetrieb seit 1855 zu den kleinen Brauereien im Land. „Wir wollen überschaubar bleiben, auch wenn wir wachsen", bestätigt Fritz Gutmann die Strategie. Er führt zusammen mit seinem Bruder Hans den Betrieb.

Seit 1913 wird Weißbier im Hause Gutmann hergestellt. Spezialität heute ist die Flaschengärung. Das obergärige Hefeweizen bleibt eine Woche bei vier Grad Temperatur im Reiferaum, dann vergehen noch zwei Wochen bis zur Auslieferung. „Wir produzieren etwa sechs Wochen im Voraus", erzählt Hans Gutmann, während er seinen Betrieb zeigt. Haltbar bleibt das trübe Hefeweizen mindestens vier Monate – auf der Rückseite des weiß-blauen Etiketts abzulesen. Und gebraut wird es nach dem bayerischen Reinheitsgebot. Als Zutaten sind genannt: Brauwasser, Weizenmal, Gerstenmalz, Hopfen und Hefe. Und von Gutmann zum Motto „Gutes Bier aus gutem Haus" hatten es die Werbeleute nicht weit.

Weizen und Hopfen aus der Region

Würze und Reinheit geben die Kunden im Altmühltal auch als wichtigste Kriterien an, wenn man sie fragt, warum sie gerade dieses Weizen trinken. „Wir haben eine eigene Landwirtschaft und 40 Bauern aus der Gegend, die uns beliefern", sagt der Firmenchef. Stolz ist er auf die eigene Mälzerei, denn die haben nur wenige Brauereien.

Darin keimen die eingeweichten Weizenkörner, die die Bauern geliefert haben, etwa acht Tage lang. Malz entsteht und wird einen Tag lang getrocknet. Bei 80 Grad Trocknung entsteht helles Malz, bei 100 Grad und mehr wird das Malz dunkel – für das dunkle Hefeweizen. Auch den Hopfen kaufen die Gutmanns in der Gegend: aus Spalt nördlich vom Großen Brombachsee im Fränkischen Seenland und aus Kinding kurz vor Beilngries an der Altmühl. Der Spalter Hopfen hat viele ätherische Öle und duftet stark. Die Dolden werden im August bis September geerntet, getrocknet, gepresst und als grüne, kleine Zylinder nach Titting geliefert.

Aus dem eigenen 60 Meter tiefen Brunnen wird frisches Wasser gezapft. Im Sudhaus, wo Wasser und Malz in großen Kesseln vermischt werden, zeigt Gutmann die Feinheiten des Biermachens. 90 Prozent des blonden Getränks, das in Titting die Brauerei verlässt, ist Weizenbier – helles und dunkles Hefeweizen mit 5,2 Prozent Alkohol sowie leichtes Hefeweizen mit 2,9 Prozent. „Alkoholfreies stellen wir nicht her", schließt Gutmann.

Schäumend in die Flaschen

Wie die Hefe beim Obergärigen schaumig oben aus den Behältern blubbert, lässt sich in einem anderen Raum beobachten. Der Firmenchef zeigt auch noch alte Geräte der Brauer. Er hält eine Flasche in eine Bürstenmaschine und zeigt Fässer, wie sie die Schäffler im Betrieb repariert haben. Heute läuft in der automatischen Flaschenabfüllung vieles automatisch. Gutmann führt an der Flaschenwäsche vorbei, nimmt eine braune Flasche heraus, hält sie in Augenhöhe und schaut sich den Boden an. Frei von Heferesten – das ist wichtig, bevor sie neu befüllt wird. Etwa 40-mal wird so eine Pfandflasche wiederverwendet. Am Schluss finden sich die mit frischem Gerstensaft gefüllten Flaschen in den typischen blauen Gutmann-Kästen wieder.

DIE BRAUEREI GUTMANN TEILT IHRE GÄSTE WIE IM BILD GEZEIGT EIN

Es begann in bischöflichem Auftrag

Das alles hätte sich der Bischof von Eichstätt nicht träumen lassen, als er im Jahr 1707 den Auftrag gab, im 1544 gebauten fürstbischöflichen Pflegeschloss zu Titting diese Brauerei zu gründen.

Berühmt in der Region sind aber noch weitere: das Klosterbier aus Weltenburg, die Schneider-Weiße aus Kelheim oder das Riedenburger Weizen. Das Spalter Bier im Fränkischen Seenland ist mit seinem kräftigen Malzaroma typisch für die bekannte Hopfenbaugegend. Das Besondere daran: Die Spalter Brauerei ist die letzte kommunale Brauerei der Gegend. Sie gehört sozusagen allen Bürgern, die daran auch kräftig Anteil nehmen. Gerade bei der Hopfenernte Mitte bis Ende August riecht die Spalter Gegend eindringlich nach der Bierzutat. Hopfen aus Spalt trägt das älteste Hopfensiegel der Welt – von 1538. Und die Hopfenkönigin versucht, den guten Ruf des Naturstoffs weiter zu verbreiten.

Auf ungewohnten Wegen

Ganz neue Wege geht die 400 Jahre alte Ankerbrauerei in Nördlingen. Sie schaffte das Fass ab und lässt das Bier in Beutel laufen. Jedenfalls, wenn es in den Export geht. „Das spart eine Menge Kosten und ist so praktisch", sagt ein Brauereimitarbeiter. Dafür wird das Bier weitgehend ohne Kohlensäure hergestellt. Dann lässt man es – wie Milch – in einen Bag-In-Box-Beutel laufen. Beim Zapfen mit Unterdruck wird das Bier aus dem Beutel gesaugt und erhält in einem so genannten Carbonator die erwartete Kohlensäure. „Revolutionär", findet die Eigentümerfamilie – denn der Beutel kann sich bis auf 80 Grad erwärmen, ohne zu platzen. „Gewöhnungsbedürftig", entgegnen altgediente Biertrinker. Doch als kleine Brauerei blicken die Anker-Männer scharf auf Marktlücken. Immerhin, der Vertrieb läuft seit geraumer Zeit erfolgreich.

Und zum Abschluss die Praxis

Nach all dieser Theorie wird es Zeit für einen Besuch im nächsten Biergarten, sei es der „Wettelsheimer Keller" in Treuchtlingen, das „Weiße Brauhaus" in Kelheim oder der Biergarten im Innenhof des Klosters Weltenburg. Gut sind auch – mit Kindern – der „Fuchsengarten" in Riedenburg oder in Eichstätt unter Kastanien der Biergarten an der Diskothek Dasda. Beliebt ist auch der Brauereigasthof „Leuchtturm" in Gunzenhausen. Neben dem hauseigenen Bier werden regionale Spezialitäten serviert. Oft gibt es Livemusik. Darsteller unterhalten auf der Kleinkunstbühne, und neben dem großen Biergarten tollen die Kinder auf einem Spielplatz.

Brauereibesuche

Seit 1855 ist die immerhin bereits 1707 als fürstbischöflicher Betrieb – zwischenzeitlicher Besitzer war auch ein Stiefsohn Napoleons – eingerichtete **Brauerei Fritz Gutmann** in Familienbesitz (Am Kreuzberg 1, 85135 Titting, Tel. 08423/99660, www.brauerei-gutmann.de). Führungen werden Mai–Mitte Sept. Do. 15.00 Uhr angeboten (Anmeldung Tel. 08423/99660). Am 3. So. im Aug. großes Brauereifest.

Einzige bundesdeutsche Brauerei in Kommunalbesitz ist die **Stadtbrauerei Spalt** (Brauereigasse 3, 91174 Spalt, Tel. 09175/79610, www.spalter-bier.de). Es gibt Führungen (Tel. 09175/796111) und Bierseminare mit Brauereibesichtigung, Bierprobe, Besuch im Hopfen- und Biermuseum u.a. (Anmeldung Tel. 09175/79610).

Seit 1990 ist die 1608 gegründete **Ankerbrauerei** einzige innerhalb der Stadtmauern von Nördlingen (Ankerbrauerei Nördlingen, Ankergasse 4, 86720 Nördlingen, Tel. 09081/290600, www.ankerbrauerei.de). Führungen nach Vereinbarung (Tel. 09081/290600 oder markus.mayer@ankerbrauerei.de).

Die herzoglichen Weißbierbrauereien, 1607 erste in Kelheim, kamen 1928 in den Besitz der Familie **Schneider** (Private Weissbierbrauerei G. Schneider & Sohn GmbH, Emil-Ott-Straße 1, 93309 Kelheim, Tel. 09441/7050, www.schneider-weisse.de). Führung durch die Brauerei mit Bierprobe und Besuch des firmeneigenen Brauereimuseums u.a. finden Di. 14.00, Mai–Okt. auch Do. 14.00 Uhr statt (Anmeldung Tel. 09441/7050 oder info@schneider-weisse.de).

Das **Riedenburger Brauhaus** braut sein Bier seit 1866, heutzutage nurmehr nach Bioland-Richtlinien (Riedenburger Brauhaus Michael Krieger KG, Hammerweg 5, 93339 Riedenburg, Tel. 09442/99160, www.riedenburger.de). Von März bis Oktober findet bei ausreichender Teilnehmerzahl Do. 10.30 Uhr eine Führung statt (Anmeldung Tel. 09442/99160 oder info@riedenburger.de).

Zartes Grün einer Spalter Hopfenpflanze

Sudkessel in der Stadtbrauerei Spalt

Drucktest in der Brauerei Fritz Gutmann

Die Tittinger Brauerei Gutmann verfügt noch über herkömmliche Kellergewölbe

WURST

GEBRATENE KÖSTLICHKEIT *mit zwei Enden*

„Sie möchten ein paar Geschwollene?" Die Wirtin im Gasthof „Zur Wallfahrt" in Wemding serviert die Spezialität gern. Bratwürste sind beliebt zwischen Nürnberg und Ingolstadt, doch diese haben keine Haut mehr. „Wir nennen sie auch Nackerte", sagt sie noch und lacht dabei. „Die sind dann nicht so fett."

Als sie mit zwei in der Pfanne angebräunten Bratwürsten auf dem Teller wiederkommt, sind diese mit hauseigenem Sauerkraut und Kartoffelsalat umgeben. Die „Geschwollenen" sind ein bisschen breiter als die normalen, „deshalb heißen sie so", erläutert die Wirtin. Sie seien typisch für das Nördlinger Ries. Und die vielen Pilger, die zur Wallfahrtsbasilika nebenan kämen, äßen sie außerdem gern.

Gewolft und gekuttert

Doch was steckt da drin, und wie werden die fränkischen Bratwürste überhaupt gemacht? „Schweinefleisch, Salz, Pfeffer und Majoran", sagt Franz Walthierer aus Beilngries. Er ist seit 40 Jahren Metzger und betreibt einen Metzgerei-Gasthof. „Jeden Tag werden sie frisch hergestellt", erzählt der Fachmann für Bratwürste und öffnet seine Küche. Die letzten Feinheiten seines Rezepts will er natürlich nicht preisgeben.

DER NAME DER GEBRATENEN WURST LEITET SICH VON „BRAT", DER FÜLLUNG, AB

Morgens um 4.30 Uhr steht er schon dort – eben wegen der Bratwürste. Das Schweinefleisch wird „gewolft", kleingeschnitten, dann in einem „Kutter" gemischt, die Gewürze kommen hinzu, die Masse bindet. Das sind dann jeweils 20 bis 30 Kilogramm. Zum Schluss wird die Menge in den „Füller" gegeben. Und durch ein Rohr ins Bändel gepresst. Das ist die dünne, äußere Schicht des Schweinedarms. Dann abgedreht – und fertig ist die Bratwurst.

Das Wort Bratwurst leitet sich nicht von Braten ab, sondern vom altdeutschen „brat". Das bedeutet so viel wie „weiches, kleingehacktes Fleisch". Und genau das ist auch in der Wurst zu finden.

Ganz frisch müssen sie sein

„Sie sind nicht gebrüht und müssen am selben Tag verzehrt werden", sagt

Kleines Wurst-Glossar

Bauernseufzer Die Zeit, diese schwarz geräucherte Bratwurst (gesprochen Bauernseifzer) zu essen, soll so kurz oder lange dauern wie der Seufzer des Bauern über schlechtes Wetter. Die stark gewürzte, grobe Wurst wird kalt verzehrt oder in einem Heißwasserbad erhitzt.

Blaue Zipfel Das sind saure Bratwürste. Zipf ist das spitze Ende (mittelhochdeutsch). Die leicht bläuliche Färbung kommt durch eine chemische Reaktion der Wursthaut mit dem Essigsud, in den die Wurst gelegt wird.

Fränkische Bratwurst Der Name Bratwurst leitet sich nicht von Braten ab, sondern vom Brät – klein gehacktes Fleisch. Abhängig von der Region ist sie 10–20 cm lang und misst rund 2 cm im Durchmesser. Typische Gewürze sind Majoran, Pfeffer, Piment, Muskat und Thymian. Sie ist saftiger als die kleine Nürnberger Bratwurst und soll 1573 erstmals erwähnt worden sein.

Geschwollene Wie der Name sagt: etwas dickere fränkische Bratwürste.

Haltbarkeit Seit 1965 ist die rohe Bratwurst der staatlichen Hackfleischverordnung unterworfen. Demnach darf die rohe Bratwurst nur eine Nacht schlafen, wie die Franken sagen. Deshalb werden in den Metzgereien morgens immer frische Würste angeboten.

Marzipanbratwurst Die Nachspeise aus Mandeln, Puderzucker und Kirschwasser für kleine und große Kinder wird in altfränkischen Rezepten bereits 1784 erwähnt.

Nackerte oder Naggerte Aus ihrer Haut geschälte, rohe Bratwurst. Auf das „Keckbrot" gestrichen, stillt sie den kleinen Hunger. Es gibt die Nackerte auch in heißer Form zu Kartoffelsalat und Kraut.

Nürnberger Rostbratwurst Eine geschützte geografische Herkunftsbezeichnung. Sie wird aus Schweinefleisch und Gewürzen hergestellt und in besonders dünne Schafsdärme gefüllt. Ihre Länge ist mit 7–9 cm bei einem Durchmesser von rund 1,5 cm festgelegt. Sie wird meist gebraten und zu zwölft oder sechst serviert

Saure Zipfel Sie sind identisch mit den Blauen Zipfeln.

Schlotengli Geräucherte Bratwurst, serviert mit Meerrettich und Kartoffelsalat, ähnlich dem Bauernseufzer. Meist in der Gegend um Ansbach zu finden.

Zwar im Weggla Eine oder mehrere Bratwürste in ein aufgeschnittenes Brötchen zu klemmen, ist keine amerikanische Erfindung. In Franken gibt es diese bequeme Art des Essens seit etwa 1650. Es gibt noch die Variante „im Schlafrock": Die Wurstzipfel ragen braun und unbedeckt aus ihrem weichen Kleid aus Blätterteig.

Die besten Wurst-Adressen

Restaurants mit der Bratwurst und anderen regionalen Spezialitäten (eine Auswahl)

Gasthof Zur Wallfahrt, Familie Trollmann, Oettinger Straße 107, 86650 Wemding, Tel. 09092/362, www.gasthof-wallfahrt.de

Hotel Gasthof Metzgerei Millipp, Hauptstraße 9, 92339 Beilngries, Tel. 08461/1203, www.der.millipp.de

Gasthaus-Metzgerei Zum Schneck, Waldhof 1, 91781 Weißenburg-Suffersheim, Tel. 09149/1219, www. gasthaus-metzgerei-zum-schneck.de

Brauerei-Gasthof Trompete, Ostenstraße 3, 85072 Eichstätt, Tel. 08421/98170, www.braugasthof-trompete.de

Waldgasthof Geländer (nordw. Eichstätt-Rupertsbuch nahe der B13 Eichstätt-Weißenburg), 85132 Geländer, Tel. 08421/6761, www.waldgasthof-gelaender.de

Historischer Gasthof Stirzer, Hauptstraße 45, 92345 Dietfurt, Tel. 08464/8658, www.stirzer.de

Landgasthof Siebenkäs, Kirchenstraße 1, 91785 Pleinfeld, Tel. 09144/8282, www.landgasthof-siebenkaes.de

Landhotel-Gasthof Böhm, Schwabacher Straße 1, 91154 Roth, Tel. 09171/97150, www.landhotel-gasthof-boehm.de

Gasthaus Kronacher, Kronacher Straße 1, 91522 Ansbach, Tel. 0981/9777890, www.gasthaus-kronacher.de

Hotel-Gasthof Zur Sonne, Deisinger Straße 20, 91788 Pappenheim, Tel. 09143/83140

Tormetzgerei, Am Oberen Tor 10, 91174 Spalt, Tel. 09175/424, www.tormetzgerei.de

Metzgerei Assmann, Brunnengasse 7, 91781 Weißenburg, Tel. 09141/2770

Walthierer, „um sieben Uhr öffnet unsere Metzgerei, da sind jeden Morgen die frischen Würste fertig." Ein rohes Paar wiegt 250 Gramm und hat etwa zwei Zentimeter Durchmesser. Und wie lang ist die fränkische Bratwurst? Der Metzgermeister hat sich da wenig Gedanken ge-

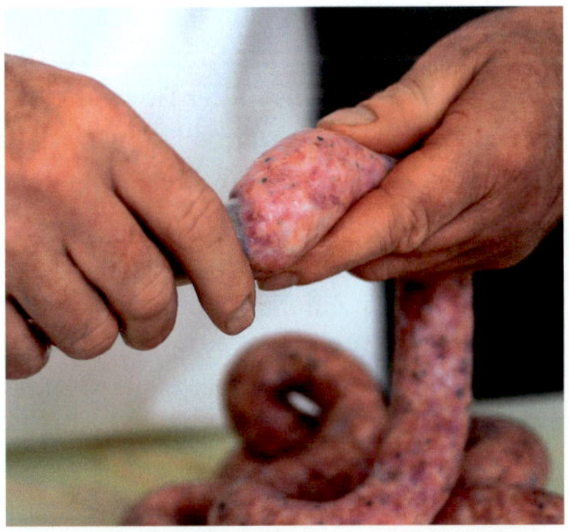

DIE HÜLLE WIRD ZUERST IM STÜCK GEFÜLLT

macht, er formt sie nach seinem Gefühl und viel Erfahrung. Er holt einen Zollstock, drückt die krumme Wurst ein wenig gerade und misst: 16 Zentimeter. „Stattlich", sagt er und schmunzelt.

Serviert werden die Bratwürste mit Sauerkraut und Brot. Einfach zu bestellen als „zwei mit Kraut bitte". Wer dazu Senf bestellt, wird alle Blicke des Lokals auf sich ziehen. Senf würde den typischen Geschmack der Wurst unterdrücken. „Aber wir essen die Bratwürste ja auch roh", erläutert der Wirt. Da wird die Wurst aus der Pelle gedrückt und als Brotaufstrich mit Zwiebeln serviert. „Eine Delikatesse", meint der Metzgermeister.

DER MILLIPP, INSTITUTION IN BEILNGRIES

DER MILLIPP IST AUCH EINE SCHLACHTEREI

Da die Wurst ein frisch hergestelltes Produkt ist, kann es schon mal vorkommen, dass die Ware am Nachmittag ausverkauft ist. Das muss man einkalkulieren – im Kühlschrank kann sie aber mindestens zwei Tage aufbewahrt werden.

In jedem Ort anders begleitet

Weiter westlich, in Gunzenhausen, wird die Bratwurst mit Schupfnudeln, einer traditionellen süddeutschen Beilage aus Kartoffelteig, serviert. Dazu gibt es – etwa bei der „Bierkutscherpfanne" – Sauerkraut und gebratene Zwiebeln. In Ansbach nennt sich die örtliche Bratwurst „Schlotengeli", geräuchert und mit Meerrettich und Kartoffelsalat serviert. Auch als „Bauernseufzer" werden sie hin und wieder tituliert.

In Nördlingen serviert man die Bratwürste auch ebenfalls mit Sauerkraut und dazu Brot – dann sind es „Landsknechtzipfel". „Dazu ein Anker-Bräu?", fragt die Bedienung. Ein Bier scheint fast genauso dazu zu gehören wie Sauerkraut. Angesichts dessen, dass die Metzger kräftig würzen, ist das wohl so gewollt ... Überhaupt die Metzger in der Region: Da jeder die fränkische Bratwurst ein klein wenig anders macht als die anderen, ist seine stets „die beste überhaupt".

FISCH KÖSTLICHKEIT AUS TEICHEN – *fränkisch oder blau*

Karpfen gehören einfach zu Franken. In Teichen gehalten, sind sie eine leichte Alternative zu den regional üblichen, oft üppigen Fleischtellern und frisch. Georg Zimmermann hat es nur ein paar Schritte aus seinem Gasthof in Unteremmendorf hinaus. Er zeigt auf ein paar Gitter neben einem Flüsschen mitten im Dorf. „Da sind sie drin", sagt er und öffnet die luftige Abdeckung. Er hat die vier Frischwasserbecken selbst gebaut. Karpfen zum Aussuchen und frisch gefangen – wo gibt es das schon? In dem Landgasthof zwischen Kinding und Beilngries hat der Gast freie Karpfenwahl. Maria Zimmermann, seine Frau, bereitet die etwa anderthalb Kilo schweren Fische dann schnell zu. „Die meisten nehmen ihn gebacken", erzählt sie von den Vorlieben der Gäste im Altmühltal. Dazu gibt es hausgemachten Kartoffelsalat, weißen Frankenwein oder eines der regionalen Weizenbiere.

Ein Erbe der Antike

Im Altmühltal und im Fränkischen Seenland hat der Karpfen schon vor Jahrhunderten Einzug gehalten. Die Römer hatten den Speisefisch aus Asien nach Europa gebracht – seinen Ursprung hat er in China und Japan, wo er als „Wildkarpfen" mittlerweile leider auf der Liste der bedrohten Arten steht. Vor allem im Mittelalter kultivierten die Klöster Cyprinus carpio in angrenzenden Teichen als schmackhafte Mahlzeit für Zeiten, in denen Fleischgenuss untersagt war. Was einmal eine kostspielige Delikatesse war und beispielsweise ein vielfaches von Rindfleisch kostete, ist mittlerweile für jedermann erschwinglich. Heute haben die Teichwirte südlich von Nürnberg 1600 Teiche mit 290 Hektar Fläche im Bestand. Neben der Dinkelsbühler Region ist vor allem der Aischgrund für seine Karpfenteichwirtschaft bekannt – von dort stammt der bekannte Aischgründer Spiegelkarpfen, dem in jahrhundertelanger Zucht die beim ursprünglichen Karpfen den ganzen Leib bedeckenden Schuppen weitgehend weggezüchtet wurden. Auch Zimmermann holt hier seine Fische. Als Speisefisch wird der Karpfen meist 25 bis 35 Zentimeter lang und wiegt nach zwei, drei Jahren zwischen einem und zwei Kilogramm. „Naturbelassen" in freien Gewässern kann das „Wasserschwein" allerdings bis zu einem Meter groß, über 25 Kilo schwer und bis zu 100 Jahre alt werden.

FRISCHER GEHT ES KAUM: KARPFEN AUS EINEM BASSIN IN UNTEREMMENDORF

VOR DEM BACKEN EIN TEIGMÄNTELCHEN

„Der Hof hier hatte schon früh das Angelrecht", erläutert Zimmermann die Geschichte des Karpfens in der Gegend. „Damals in den 1960er-Jahren kamen viele Berliner, die bei uns Karpfen angelten, dann setzten wir ihn auch auf die Speisekarte." Es war dann der Trost für alle, die nichts fingen – Zimmermann schmunzelt. Auf die Frage, warum Karpfen nur in den Monaten mit einem „r" verkauft werden, hat er auch eine Antwort. Sie schmecken dann einfach besser.

Er ist ein friedlicher Geselle

Von September bis April – das sind die „r"-Monate – hat der Karpfen kühles Wasser. Das liebt er und sucht als Allesfresser mit seinem vorgestülpten, zahnlosen Maul den Boden des Teichs nach Pflanzen, Würmern und Larven ab. Andere Fische interessieren ihn hingegen nicht. Zu kalt darf es allerdings auch nicht sein, dann verfällt das wechselwarme Geschöpf in eine Art Winterstarre, die es auch in zugefrorenen Gewäs-

IN ETWA EINER VIERTELSTUNDE IST DER KARPFEN AUSGEBACKEN

sern überleben lässt. Ist das Wasser zu warm, vergräbt er sich im Schlamm und schmeckt entsprechend. Generell schätzt er die dunkleren, tieferen Bereiche der Teiche. Erst gegen Abend kommt er hervor und zeigt sich munterer. Ein weiterer Aspekt spricht gegen die Monate ohne „r". Dann – von Mai bis Juli nämlich – ist Laichzeit. Geschlechtsreif wird der Karpfen erst im dritten Lebensjahr.

Gerade kommen wieder Gäste, und Georg Zimmermann geht mit dem Käscher zu den vier kleinen Becken am Dorfbach. Acht Grad kalt kommt das Wasser aus dem Berg einen Kilometer höher. Zwei Karpfen fängt der Gastwirt, der auch oft Radfahrer zum Übernachten hat, und trägt sie in die Küche. Diesmal wollen die Gäste den Karpfen „blau", also mit Essig und im Sud gekocht. Dazu werden Gemüse und Salzkartoffeln serviert. „Bitte zu Fisch" verrät Zimmermanns Werbespruch, und so kommt es dann auch.

Auch Angler sind begeistert

Nicht nur in der Teichwirtschaft, auch bei Anglern bringt es der Karpfen auf zunehmende Beliebtheit, gilt er doch als starker Kämpfer. Speziell älteren Tieren ist nur mit einer durchdachten, ideenreichen Strategie und mit Hilfe einer zum Teil sich über mehrere Tage hinziehenden Vorbereitung beizukommen.

Geangelt wird rund um Beilngries viel. In Dietfurt sind zwei Altmühl-Altwasser bestens dafür geeignet. Fast jeder Ort hat etwas für Angler zu bieten – von Gunzenhausen bis Kelheim und Oettingen bis Spalt. Neben Karpfen beißen Hecht, Barsch, Schleie und Zander. Welse und Aale sind ebenfalls zu finden.

Karpfen-Rezepte

Neben dem genannten **Gasthof Zimmermann** (85125 Unteremmendorf, Gemeinde Kinding, Tel. 08467/279) steuerte der **Gasthof Blumenthal** (Stiegelmühle 42, 91174 Spalt, Tel. 09873/332, www.gasthof-blumenthal.de) die beiden folgenden Rezepte bei:

Karpfen bei Zimmermann – eine Köstlichkeit

Gebackener Blumenthaler Karpfen

Zutaten für zwei Personen: 1 Karpfen (etwa 1,5 kg Lebendgewicht), Salz, Pfeffer aus der Mühle, Weizenmehl oder Weizengries, Butterschmalz, Spalter Märzen Dunkel (ein regionales Bier).

Zubereitung: Karpfen ausnehmen, waschen, der Länge nach spalten. Kopf und Schwanzflosse möglichst genau in der Mitte zerteilen, so dass zwei annähernd gleich große Fischhälften entstehen. Der Karpfen kann auch quer in vier Zentimeter breite Stücke geteilt werden. Das Ausbacken ist dann einfacher.

Den vorbereiteten Karpfen mit Zitronensaft beträufeln, salzen, pfeffern und eine halbe Stunde ziehen lassen. Mit Spalter Märzen Dunkel begießen. Dann den Karpfen in Mehl wenden und die Fischteile im Butterschmalz bei 160 Grad etwa elf Minuten goldbraun ausbacken. Die Flossen sollen schön knusprig werden – und sind dann eine Delikatesse. Karpfenfilets können auch nach dem Würzen mit Mehl, Ei und Semmelbröseln paniert und in Butterschmalz ausgebacken werden. Der Fisch bleibt so besonders saftig und zart.

Als Beilage eignet sich Kartoffelsalat, im Gasthof Blumenthal wird zum gebackenen Karpfen Kartoffel-Endiviensalat „nach Omas Art" serviert.

Bunter Karpfensalat

Zutaten für vier Personen: 800 g Karpfenfilet (roh und ohne Haut), je eine rote, gelbe und grüne Paprikaschote, eine halbe rote Zwiebel, Salz, Zucker, Salatöl, Weinessig.

Für den Sud: ein halber Liter Wasser, ein Viertel Liter Weinessig, zwei Esslöffel Salz, drei Lorbeerblätter, zehn Wacholderbeeren, ein Teelöffel Senfkörner.

Zubereitung: Die Paprikaschoten und die Zwiebel in grobe Streifen schneiden und mit einer Marinade aus Salz, Zucker, Öl, Weinessig und einer Tasse Wasser vermischen und kühl stellen. Den Sud ansetzen, kurz aufkochen und zum Abkühlen beiseite stellen. In der Zwischenzeit die Karpfenfilets in Gabelbissen schneiden (etwa einen halben Zentimeter breit und zwei bis drei Zentimeter lang). Diese Gabelbissen in den abgekühlten Sud legen. Sie und die marinierten Paprikaschoten bleiben im Kühlschrank für rund 24 Stunden im Sud. In dieser Zeit löst der Essig den Kalk aus den Gräten, und diese werden weich. Nach dieser Zeit die Gabelbissen aus dem Sud nehmen, abtropfen lassen, mit dem Paprika vermischen und als Salat servieren.

ANREISE

Auto Von Norden über die Autobahn A 7 bis zur Ausfahrt Bad Windsheim nördlich von Rothenburg ob der Tauber. Dann nach Burgbernheim zur Altmühlquelle und weiter durch das obere Altmühltal. Das mittlere Altmühltal und das Fränkische Seenland sind auf der A 6 gut zu erreichen (Ausfahrten Aurach, Ansbach und Lichtenau). Auf der A 9 (Nürnberg–München) sind die Ausfahrten Allersberg, Hilpoltstein, Greding, Altmühltal und Denkendorf ideal für den mittleren und unteren Teil der Altmühl.
Zug Es eignen sich Ansbach, Gunzenhausen, Treuchtlingen und Eichstätt als Bahnzielorte. Auskünfte unter Tel. 0800/1507090 (Radfahrerhotline 01805/151415) oder www.bahn.de. Kinding liegt an der Trasse des Regionalexpresszuges München–Nürnberg. Einzelne Verbindungen zeigt bequem www.bayern-fahrplan.de.
Bus Das Freizeitbusnetz Altmühltal-Donautal ist von Ende April bis Anf. Okt. zwischen Eichstätt und Kelheim in Betrieb (Tel. 08458/32490, www.altmuehltal/radtour/radbus.htm), ein besonders preiswertes Angebot für Radfahrer (Räder werden mitgenommen) und Wanderer. Außerdem werden Tourenvorschläge gemacht.
Der Verkehrsverbund Großraum Nürnberg, VGN (Tel. 0800/4636846 oder 0911/2707599, www.vgn.de) bedient auch das Fränkische Seenland und die Landkreise Weißenburg-Gunzenhausen, Roth und Ansbach. Ansonsten sind die Buslinien auch unter www.bayern-fahrplan.de zu finden.
Schiff Im unteren Teil des Altmühltals, auf dem Main-Donau-Kanal sowie von Kelheim aus ein Stück donauaufwärts bis zum Kloster Weltenburg fahren in der Sommersaison Personenschiffe (Personenschiffahrt im Donau- und Altmühltal, Postfach 1641, 93305 Kelheim, Tel. 09441/5858, www.schiffahrt-kelheim.de). Alle Schiffe transportieren Fahrräder.

Tipp

Zum Weiterlesen

Schon das Luftbild auf dem Titel zieht in den Band – was der Biologie-Professor und Fotograf Franz Bogner über **Das Tal der Uraltmühl** (Tümmel-Verlag, Nürnberg) zu berichten hat, ist eine Augenweide; Bilder und Beschreibungen gehen ins Detail. Weniger mit der Realität beschäftigt sich Heinrich Edinger: **Von Zwiebeltretern, Spitzbuben und Heiligen – Sagen aus der Gemeinde Beilngries und Umgebung** (Verlag Laßleben, Kallmünz) erzählt von Galgenvögeln und Heiligen in Sagen, die über Generationen weitererzählt wurden und eine Fortsetzung in Edingers **Von Hechten, Hexen, Herren und Halunken** (Verlag Laßleben, Kallmünz) finden. Einen Überblick über den **Naturpark Altmühltal** gibt Walter E. Keller im gleichnamigen Bildband, herausgegeben vom Verein Naturpark Altmühltal, Südliche Frankenalb.

AUSKUNFT

Zentral Tourismusverband Naturpark Altmühltal, Notre Dame 1, 85072 Eichstätt, Tel. 08421/98760, Fax 08421/987654, www.naturpark-altmuehltal.de.
Nördlinger Ries Ferienland Donau-Ries, Pflegstraße 2, 86609 Donauwörth, Tel. 0906/74211, Fax 0906/74212, www.ferienland.donau-ries.de und Touristinformation, Marktplatz 2, 86720 Nördlingen, Tel. 09081/84116, Fax 09081/84113, www.noerdlingen.de.
Fränkisches Seenland Tourismusverband Fränkisches Seenland, Hafnermarkt 13, 91710 Gunzenhausen, Tel. 09831/500120, Fax 09831/500140, www.fraenkischeseen.de.
Oberes Altmühltal Touristinformation Romantisches Franken, Am Kirchberg 4, 91598 Colmberg, Tel. 09803/94141, Fax 09803/94144, www.romantisches-franken.de.

FOSSILIEN

Vom Eichstätter Bahnhof aus führt der „Fossilienpfad Eichstätt" am Jura-Museum auf der Willibaldsburg vorbei zum **Fossiliensteinbruch Blumenberg** am Museum Bergér (Hammer und Meißel werden ausgeliehen, Auskunft bei Touristinformation Naturpark Altmühltal; Mo.–So. 9.30 bis 18.00 Uhr). Das Museum Bergér am Blumenberg westl. der Stadt zeigt bedeutende Fossilien, die die Familie gesammelt hat; nebenan liegt ein museumseigener Steinbruch. In dem Hobbysteinbruch beim Kinderdorf Blumenberg können Gäste selbst mit Hammer und Meißel nach Versteinerungen suchen (Harthof 1, www.museum-berger.de; Ostersonntag–Nov. Mo.–Sa. 13.30–17.00, So. 10.00 bis 12.00 und 13.30–17.00 Uhr).
Der **Fossilienerlebnisplatz im Apfeltal** bei Mörnsheim hat sogar einen Steinbruchlehrpfad (Werkzeugverleih beim Gasthof „Zum Brunnen", Auskunft beim Markt Mörnsheim, www.moernsheim.de; April–Okt. tgl. 9.00–18.00 Uhr).
Ein weiterer **Hobby-Steinbruch** ist in der Unteren Haardt bei Solnhofen zu finden (Auskunft bei Gemeinde Solnhofen, Tel. 09145/832020, oder im Museum Solnhofen, Tel. 09145/832030).
Der **Fossiliensteinbruch Schamhaupten** in Altmannstein ist frei zugänglich und kostenlos (Auskunft beim Heimat- und Fremdenverkehrsverein, Tel. 09446/1330), ebenso die **Fossiliensammelstelle in Titting** oberhalb des Ortes.

Regionale Küche ist zunehmend gefragt: Beilngries

Auf der Webseite www.diesteinreichen5.de sind Ausflugstipps, eine 46 km lange Radrundtour zu Steinbrüchen, Schlössern und Karstquellen sowie aktuelle Veranstaltungen zu finden.

HOTELS

Eine von Varta-Experten geprüfte Auswahl; weitere Adressen im „Varta-Führer" (im Buchhandel erhältlich).

Preiskategorien

€€€€	Doppelzimmer	über 200 Euro
€€€	Doppelzimmer	150–200 Euro
€€	Doppelzimmer	100–150 Euro
€	Doppelzimmer	50–100 Euro

Ansbach: €€ **Am Drechselsgarten,** Am Drechselgarten 1, 91522 Ansbach, Tel. 0981/89020, Fax 0981/8902605, www.drechselsgarten.bestwestern.de. Am Stadtrand gelegenes Hotel mit herrlichem Blick auf die Stadt. Parkplätze, Restaurant, ab 2009 Wellnessbereich. 50 Zimmer, 1 Suite, Nichtraucherzimmer.
€ **Schwarzer Bock,** Pfarrstraße 31, 91522 Ansbach, Tel. 0981/421240, Fax 0981/4212424, www.schwarzerbock.com. Historisches Rokokohaus in der Altstadt, modern eingerichtete Zimmer. Parkplätze, Restaurant, Reitmöglichkeit, Fitnessraum, Solarium. 16 Zimmer.
Beilngries: €/€€ **Die Gams,** Hauptstraße 16, 92339 Beilngries, Tel. 08461/6100, Fax 08461/610100, www.hotel-gams.de. Seit 1794 in Familienbesitz. Parkplätze, Restaurant, Sauna, Reitmöglichkeit, Fahrradverleih, Bootsverleih. 62 Zimmer, 2 App., Nichtraucherzimmer.
Berching: € **Gewürzmühle,** Gredinger Straße 2, 92334 Berching, Tel. 08462/200020, Fax 08462/200051, www.gewuerzmuehle-berching.de. Hotel

in einer renovierten Mühlenanlage inmitten eines 4500 m^2 großen Gartens. Parkplätze, Restaurant. 33 Zimmer, 1 Suite, Nichtraucherzimmer.

Colmberg: €/€€ Burg Hotel Colmberg, Burg 1, 91598 Colmberg, Tel.09803/91920, Fax 09803/262, www.burg-colmberg.de. Von nostalgisch bis modern eingerichtete 1000-jährige Burganlage. Parkplätze, Restaurant. 26 Zimmer, 2 Suiten, Nichtraucherzimmer.

Dietfurt: € Zur Post, Hauptstraße 25, 92345 Dietfurt, Tel. 08464/321, Fax 08464/9126, www.zur-post-dietfurt.de. Historischer Gasthof mit rustikal ausgestatteten Zimmern. Parkplätze, Restaurant. 28 Zimmer.

Eichstätt: € Adler, Marktplatz 22, 85072 Eichstätt, Tel. 08421/6767, Fax 08421/8283, www.adler-eichstaett.de. 300 Jahre altes Barockhaus am Marktplatz direkt in der Altstadt. Parkplätze, Sauna, Solarium. 28 Zimmer, Nichtraucherzimmer.

Gunzenhausen: €€ Parkhotel Altmühltal, Zum Schießwasen 15, Tel. 09831/5040, Fax 09831/89422, www.aktiv-parkhotel.de. Stadt- und Tagungshotel mit Zimmer im Landhausstil. Parkplätze, Restaurant, Wellnessbereich, Reitmöglichkeit, Fahrradverleih, Bootsverleih. 67 Zimmer, 3 Suiten, Nichtraucherzimmer.

Hilpoltstein: € Sindersdorfer Hof, Sindersdorf 26, 91161 Hilpoltstein, Tel. 09179/6256, Fax 09179/6549, www.sindersdorferhof.de. Landgasthof mit Zimmern vom Tiroler Landhausstil bis zu gediegener Eicheneinrichtung. Parkplätze, Restaurant. 19 Zimmer, Nichtraucherzimmer.

Kipfenberg: € Landhotel Geyer, Alte Hauptstraße 10, 85110 Kipfenberg, Tel. 0865/1730630, Fax 08465/17306364, www.landhotel-geyer.de. Familiärer Feriengasthof mit neuem Freizeitbereich. Parkplätze, Restaurant, Wellnessbereich, Fahrradverleih, Bootsverleih. 49 Zimmer, 2 Suiten, Nichtraucherzimmer.

Nördlingen: €€ Klösterle, Beim Klösterle 1, 86720 Nördlingen, Tel. 09081/87080, Fax 09081/8708100, www.nh-hotels.com. Urspr. des Gebäudes ist eine Franziskanerkirche des 13. Jh. Parkplätze, Restaurant, Wellnessbereich, Fahrradverleih. 98 Zimmer, Nichtraucherzimmer.

Oettingen: €/€€ Krone von Oettingen, Schlossstraße 34, 86732 Oettingen, Tel. 09082/959930, Fax 09082/9599399, www.seebauer-hotels.de. Ältestes historisches Fachwerkhaus in Oettingen, zeitgemäße, teils im Landhausstil eingerichtete Zimmer, über 600 Jahre alter Gewölbekeller. Parkplätze, Restaurant. 24 Zimmer, 1 Suite.

Pfofeld: €€ Strandhotel Seehof, Seestraße 33, 91738 Pfofeld-Langlau, Tel. 09834/9880, Fax 09834/988988, www.strandhotel-seehof.de. Ferien- und Tagungshotel in Seeuferlage mit umfangreichem Freizeitprogramm, wohnliche Zimmer in Tiroler Landhausstil. Parkplätze, Restaurant, Reitmöglichkeit, Wellnessbereich, Reitmöglichkeit, Bootsverleih. 85 Zimmer, 3 Suiten, Nichtraucherzimmer.

Daten und Fakten

Landesnatur: Die Donau bildet die südliche Begrenzung des in dieser Bildatlas-Ausgabe behandelten Raumes. Nördlich davon erhebt sich das schwäbisch-fränkische Schichtstufenland, das sind die Schwäbische und Fränkische Alb mit Höhen von 500 bis 600 m. Zwischen beiden liegt der Rieskrater mit etwa 25 km Durchmesser. Die Wörnitz durchzieht ihn in Nord-Süd-Richtung. Westlich des Flusses ist der flache Riesboden mit Löß überweht, östlich davon mit Sand überlagert.

Die Altmühl entspringt weiter nördlich in der Frankenhöhe auf 463 m und schlängelt sich dann durch das Mittelfränkische Becken, das heute als Fränkisches Seenland bekannt ist. Die häufig von Überschwemmungen geplagte obere Altmühl wurde dadurch entlastet, das Wasser auch benachbarter Flüsse in den regenärmeren Norden Frankens umgeleitet wird. Teil dieses Projektes war der Bau des Main-Donau-Kanals. Das Fränkische Seenland ist als flache, sanft gewellte Hügellandschaft heute ein seenreiches Freizeitrevier. Die Altmühl fließt durch die Fränkische Alb weiter bis Dollnstein. Dort mündete sie ursprünglich in die Donau, die bis vor rund 200 000 Jahren durch das Wellheimer Trockental kam. Heute mündet die Altmühl bei Dietfurt in den Main-Donau-Kanal, der in Kelheim in die Donau fließt.

Der Naturpark Altmühltal ist mit 2906 km^2 zweitgrößter Naturpark in Deutschland. Die malerischen Felsformationen (Zwölf Apostel) gehörten früher zum Riff eines Urmittelmeeres, das hier sein nördliches Ufer hatte.

Bevölkerung: Von den rund 12,5 Mio. Bewohnern Bayerns leben 4,1 Mio. in Franken. Das Altmühltal und die anderen hier behandelten Gebiete liegen zum Großteil in Mittelfranken mit Verwaltungssitz Ansbach. Mittelfranken hat rund 1,7 Mio. Einwohner bei 7245 km^2 Fläche (236 Einw./km^2). Die hohe Dichte ist auf die Industriereviere um Nürnberg, Fürth, Erlangen und Schwabach zurückzuführen, die am dichtesten besiedelten Regionen Bayerns. Der Landkreis Eichstätt (102 Einw./km^2) gehört schon zum Regierungsbezirk Oberbayern, und der Landkreis Donau-Ries (102 Einw./km^2) ist Teil des (bayerischen) Regierungsbezirks Schwaben.

Wirtschaft: Eichstätt als „Metropole“ der Region ist die Stadt mit der geringsten Arbeitslosenquote in Deutschland (1,8 % Ende 2007) dank Metallbearbeitung, Natursteinindustrie, Kunsthandwerk, Groß- und Einzelhandel und Brauereibetrieb. Im 14. und 15. Jh. war es Tuchhandel gewesen, der den Bürgern zu Wohlstand verhalf; heute ist es auch der Tourismus, der das wirtschaftliche Leben im Altmühltal beflügelt.

Der Naturpark Altmühltal hat heute mit rund 18 000 Betten in 1600 Hotelbetrieben viel Platz für Touristen. Dazu sind mehr als 1800 Stellplätze für Wohnmobile sowie Zeltplätze vorhanden. 3000 km Wanderwege und 900 km Radwege wurden ausgeschildert. Das Fränkische Seenland wird alljährlich von 4,2 Mio. Tagesgästen besucht und verbucht mehr als 1,8 Mio. Übernachtungen.

Pleinfeld: € Landhotel Sonnenhof, Sportpark 9, 91785 Pleinfeld, Tel. 09144/9600, Fax 09144/960190, www.landhotel-sonnenhof.de. Modernes Land- und Tagungshotel, neben Sportstätten und Campingplatz gelegen. Parkplätze, Restaurant, Sauna, Solarium. 55 Zimmer, Nichtraucherzimmer.

Riedenburg: € Schneider, Kirchstraße 3, 93339 Riedenburg, Tel. 09442/1659, Fax 09442/3384, www.landgasthof-schneider.de. Familiäres Hotel im Naturpark. Parkplätze, Restaurant, Sauna, Reitmöglichkeit. 30 Zimmer.

Roth: € Böhm, Schwabacher Straße 1, 91154 Roth, Tel. 09171/97150, Fax 09171/9715333, www.landhotel-gasthof-boehm.de. Landgasthof in Familienbesitz mit unterschiedlichen Zimmern in zwei Gästehäusern. Parkplätze, Restaurant. 33 Zimmer, 1 Suite, Nichtraucherzimmer.

Spalt: €€/€€€ Zur Hopfenkönigin, Enderndorf am See 99, 91174 Spalt, Tel. 09175/79790, Fax 09175/797979, www.hopfenkoenigin.de. Geschäfts- und Ferienhotel mit in Landhausmanier eingerichteten Zweiraumapartments unterschiedlicher Kategorien. Parkplätze, Restaurant, Sauna, Solarium. 21 Zimmer, 30 Suiten, Nichtraucherzimmer.

Titting: €/€€ Hotel Dirsch, Hauptstraße 13, 85135 Titting-Emsing, Tel. 08423/1890, Fax 08423/1370, www.hotel-dirsch.de. Haus seit drei Generationen von der Familie geführt. Restaurant, Biergarten, Sauna und Dampfbad in der hübschen Anlautertherme, Schwimmbad, Kegelbahn. 100 Zimmer, 4 Suiten, Nichtraucherzimmer.

Weißenburg: € Am Ellinger Tor, Ellinger Straße 7, 91781 Weißenburg, Tel. 09141/86460, Fax 09141/864650, www.ellingertor.de. Hotel in einem über 500 Jahre alten Fachwerkhaus. Restaurant, Reitmöglichkeit. 27 Zimmer, Nichtraucherzimmer.

Wemding: €/€€ Seebauer, Zum Wildbad 2, 86650 Wemding-Wildbad, Tel. 09092/9980, Fax 09092/99810, www.seebauer-hotels.de. Etwas außerhalb des kleinen Wallfahrtsortes in ruhiger Waldrandlage. Parkplätze, Restaurant, Wellnessbereich, Reitmöglichkeit. 60 Zimmer, 1 Suiten, Nichtraucherzimmer.

Wolframs-Eschenbach: € **Sonne,** Richard-Wagner-Straße 2, 91639 Wolframs-Eschenbach, Tel. 0975/97970, Fax 09875/979777, www.gasthof-hotel-sonne.de. Der fränkische Gasthof liegt an der historischen Stadtmauer und bietet zweckmäßige Zimmer mit ländlicher Gemütlichkeit. Parkplätze, Restaurant, Reitmöglichkeit. 27 Zimmer, Nichtraucherzimmer.

RESTAURANTS

Eine von Varta-Experten geprüfte Auswahl; weitere Adressen im „Varta-Führer" (im Buchhandel erhältlich).

Preiskategorien

€€€€	Hauptspeisen	über 20 Euro
€€€	Hauptspeisen	15 – 20 Euro
€€	Hauptspeisen	10 – 15 Euro
€	Hauptspeisen	5 – 10 Euro

Ansbach: €€€/€€€€ **Drechselstuben,** Am Drechselgarten 1, 91522 Ansbach, Tel. 0981/89020, www.drechselsgarten.bestwestern.de. Im stilvollen Restaurant mit Blick auf die Stadt werden internationale Speisen mit italienischen und asiatischen Akzenten offeriert.

Tipp

Regionales ist Trumpf

Regionale Vermarktung steht im mittleren Franken im Vordergrund. Sie ist Teil des Tourismuskonzepts und der Förderung einheimischer Landwirtschaft – mit Erfolg. Beispiel dafür ist das Altmühltaler Lamm. Das Siegel „Qualität aus Bayern – garantierte Herkunft" gibt dem Gast Orientierung. Die Adressen der beteiligten Gasthäuser und Metzger sind auf der Webseite www.altmuehltaler-lamm.de (Tel. 08421/6761) zu finden. Die Webseite www.naturpark-altmuehltal.de nennt außerdem die Veranstaltungen, die mit dem Lamm zu tun haben. Generell: Im Mai ist Auftrieb, im Oktober Abtrieb. Und Schäferfeste und Märkte gibt es in vielerorts.

Die Direktvermarkter im Fränkischen Seenland, im Altmühltal sowie im Romantischen Franken haben sich zusammengeschlossen und sind auf der Webseite www.regionalbuffet.de zu finden. Veranstaltungen und Tipps gibt es auch auf der Webseite www.oekoland-bayern.de.

Beilngries: €€/€€€ **Gallus,** Neumarkter Straße 25, 92339 Beilngries, Tel 08461/247, www.hotel-gallus.de. Biergarten, Terrasse. Gut aufgehoben ist man in der gemütlich-rustikalen Wirtsstube, dem modernen Wintergarten oder der eleganten Ofenstube.

Berching: €€/€€€ **Brauereigasthof Winkler,** Reichenauplatz 22, 92334 Berching, Tel. 08462/27331, www.brauereigasthof-winkler.de. Terrasse. Traditionsreicher und gutbürgerlicher Gasthof mit eigener Brauerei in der Altstadt.

Colmberg: €€€/€€€€ **Burg Colmberg,** Burg 1, 91598 Colmberg, Tel.09803/91920, www.burg-colmberg.de. Terrasse. Drei Restaurants verwöhnen mit Köstlichkeiten aus Franken.

Dietfurt: €/€€ **Schlosswirt,** Beilngrieser Straße 14, 92345 Dietfurt-Töging, Tel. 08464/642010, www.schlosswirt-altmuehltal.de. Ruhetage So. und Mo. Biergarten. Mediterrane Küche.

Dollnstein: €€ **Bayerischer Hof,** Reichenaustraße 1, 91795 Dollnstein, Tel. 0842/289, www.bayerischerhof-dollnstein.de. Bayerische und fränkische Gerichte.

Eichstätt: €€€/€€€€ **Domherrenhof,** Domplatz 5, 85072 Eichstätt, Tel. 08421/6126, www.domherrenhof.de. Ruhetag: Mo. Terrasse. Feine, klassisch geprägte Gerichte in einem Rokoko-Stadthaus, kleine Speisen in der Schenke.

Gunzenhausen: €€/€€€ **Chicorée,** Zum Schießwasen 15, 91710 Gunzenhausen, Tel. 09831/5040, www.aktiv-parkhotel.de. Terrasse. Im Landhausstil eingerichtetes Restaurant mit internationaler Küche.

Herrieden: €€/€€€ **Gasthaus Limbacher,** Vordere Gasse 34, 91567 Herrieden, Tel. 09825/5373, www.gasthaus-limbacher.de. Ruhetage: Mo. und Di. Der fränkische Landgasthof ist seit 1910 im Familienbesitz. Er serviert Gerichte der regionalen und klassischen Küche.

Kipfenberg: €/€€ **Landhotel Geyer,** Alte Hauptstraße 10, 85110 Kipfenberg-Pfahldorf, Tel. 0865/1730630, www.landhotel-geyer.de. Oberbayerische Schmankerln, Fitness-Kost und Traditionelles für Feinschmecker.

€/€€ **Römer-Castell,** Wirtsstraße 9, 85110 Kipfenberg-Böhming, Tel. 08465/94190, www.roemer-castell.de. Der Landgasthof mit Biergarten und bayerisch-gemütlicher Gaststube serviert regionale Spezialitäten und römisch-antike Gerichte.

Mörnsheim: €€/€€€ **Lindenhof,** Marktstraße 25, 91804 Mörnsheim, Tel. 09145/83800, www.lindenhof-altmuehltal.de. Ruhetag: Di. Terrasse. Bayrisch-rustikale Atmosphäre.

Nördlingen: €€€/€€€€ **Klösterle,** Beim Klösterle 1, 86720 Nördlingen, Tel. 09081/87080, www.nh-hotels.com. Im Refektorium des ehem. Klosters werden internationale und regionale Spezialitäten aufgetischt.

Golf unterhalb der Burg Colmberg

€€/€€€ **Meyers Keller,** Marienhöhe 8, 86720 Nördlingen, Tel. 09081/4493, www.meyerskeller.de. Ruhetage: Mo. und Di. Im Gourmetrestaurant lässt sich das Menü selbst zusammenstellen. Im rustikaleren Stüble wird gutbürgerliche Regionalküche serviert. Im Sommer sitzt man auf der Terrasse.

Pfofeld: €€/€€€ **Seehofrestaurant** und **Brombachseerestaurant,** Seestraße 33, 91738 Pfofeld-Langlau, Tel. 09834/9880, www.strandhotel-seehof.de. Biergarten, Terrasse. Im gemütlichen Restaurant werden Gerichte aus der ganzen Welt serviert.

Pleinfeld: €€€/€€€€ **Landgasthof Siebenkäs,** Kirchenstraße 1, 91785 Pleinfeld, Tel. 09144/8282, www.landgasthof-siebenkaes.de. Ruhetag: Mo. Terrasse. Internationale Spezialitäten und regionale Produkte in romantischen Stuben.

Spalt: €€/€€€ **Blumental,** Stiegelmühle 42, 91174 Spalt, Tel. 09873/332, www.gasthof-blumenthal.de. Ruhetage: Mo. und Di. Biergarten und Terrasse. Landgasthof mit feiner fränkischer und internationaler Küche. An lauen Sommerabenden sitzt man im hübsch dekorierten Innenhof.

Treuchtlingen: €/€€ **Enten Stub'n,** Unterdorf 2, 91757 Treuchtlingen-Dietfurt, 09142/6707, www.entenstube.de. tgl. ab 14.00 Uhr. Biergarten. Ausgangspunkt für Rad-, Wander- und Bootstouren an der Altmühl.

Weißenburg: €/€€ **Goldener Adler,** Marktplatz 5, 91781 Weißenburg, Tel. 09141/85560, www.hotel-goldener-adler.de. Biergarten. Fränkische und internationale Küche im gediegen-rustikalen Ambiente einer ehem. Brauerei.

Wemding: €€/€€€ **Meerfräulein,** Wallfahrtstraße 1, 86650 Wemding, Tel. 09092/96940, www.meerfraeulein.de. Ruhetage: Di. und So. abends. Terrasse. Internationale und heimische Küche.

SPORT

Klettern Das Altmühltal gehört zu den bedeutenden Klettergebieten in Deutschland. Bereits um 1900 wurden die ersten Routen dieses fast ganzjährig auszuübenden Sports begangen. Routen der Schwierigkeitsgrade III bis XI sind in Konstein/Aicha (südl. Dollnstein), Dollnstein und Prunn/Essing zu finden. „The Face" in Essing (Grad X) gilt europaweit als Herausforderung. Die Burgsteinfelsen in Dollnsteiner Gebiet sind etwa 45 m hoch; es gibt 30 Routen, die selbst im Herbst und Winter gut zu gehen sind, weil die Felsen schnell abtrocknen. Der Dohlenfelsen bei Konstein im Wellheimer Trockental ist einer der markantesten (Grad V bis X); das gelb-schwarz schimmernde Massiv ist etwa 50 m hoch. Kinder lernen ideal auf „Asterix & Obelix" bei Konstein/Aicha; auch der Winnetou-Kessel bei Aicha ist ist für den Nachwuchs geeignet.
Kurse sind u. a. auf den Webseiten www.allegra-alpin.de oder www.sport-in.net zu finden.

Kanu fahren Die langsame Fließgeschwindigkeit macht die Altmühl für Bootswanderer und Kanu-

Geschichte

Vor 150 Mio. Jahren Die Kalkformation Zwölf Apostel bei Solnhofen ist Teil des Nordufers eines riesigen Urmittelmeeres. Exemplare des Urvogels Archaeopteryx – ein Übergang von den Reptilien zu den Vögeln – wurden im Kalkschlamm konserviert und 1861 entdeckt.

Vor 15 Mio. Jahren Durch einen Meteoriteneinschlag entsteht das Nördlinger Ries.

Vor 150 000 Jahren Die Urdonau verlegt ihr Bett: Floss sie bis dahin durch das so genannte Wellheimer Trockental und vereinigte sich in Dollnstein mit der Altmühl, nimmt sie nun den direkten Weg südlich der Fränkischen Alb nach Kelheim. Das alte Bett überlässt sie der Altmühl.

7500 v. Chr. Schädelfunde in der Großen Ofnethöhle südwestlich Nördlingen stammen aus der Zeit. Ab 5000 sind Höhlen bei Essing, Kipfenberg, Kelheim, Gunzenhausen und das Schulerloch im Unterlauf der Altmühl bewohnt.

6. und 5. Jh. v. Chr. Kelten besiedeln die Gegend um Bopfingen. Auf dem Berg Ipf liegt ein frühkeltischer Fürstensitz. Kelten leben auch bei Treuchtlingen und Kelheim. Im Schulerloch sollen Druiden ein kulturelles Zentrum betrieben haben.

1–3. Jh. n. Chr. Die Römer gründen die Provinz Raetien nördlich der Alpen. Unter Kaiser Domitian (86–96) beginnen die Soldaten mit dem Bau des Limes, zunächst als Palisadenzaun. Später werden Kastelle gebaut, so in Weißenburg und Pfünz. Um 260 bricht die Römerherrschaft zusammen, Alemannen übernehmen die Kontrolle der Region.

4.–7. Jh. Franken lassen sich im westlichen Teil des Gebietes nieder, im östlichen (ab Beilngries) sind es die aus Böhmen kommenden Bajuwaren. Ortsnamen auf -heim und -hausen lassen auf fränkische Gründungen schließen; bajuwarische Siedlungen enden auf -ing.

617 Kloster Weltenburg an der Donau wird gegründet. Es ist die älteste klösterliche Niederlassung in Bayern. Irische Mönche christianisieren das Land.

745 Das Bistum Eichstätt wird gegründet.

788 Frankenkönig Karl der Große besiegt Bayernherzog Tassilo und bringt dessen Gebiete unter fränkische Herrschaft. 793 wird nördl. Treuchtlingen mit dem Bau einer Kanalverbindung („Fossa Carolina") zwischen Altmühl und Schwäbischer Rezat begonnen, kommt wegen unüberwindlicher bautechnischer Schwierigkeiten nicht zum Abschluss. Das Projekt sollte die Nordsee mit dem Schwarzen Meer verbinden.

1305 Das Bistum Eichstätt wird mächtiger; die Bischöfe erben 120 Ortschaften der Hirschberger Hochstiftsvögte.

1331 Die Hohenzollern kaufen Stadt und Stift Ansbach. Es erlebt eine Blütezeit bis 1792. So lange regieren die Markgrafen, denen ab 1415 auch Brandenburg gehört.

1525 Schwäbisch-fränkischer Bauernkrieg; mit der Schlacht von Ostheim und nach 1000 Toten endet der Aufstand. Die Reformation findet in Franken in der Folge viele Anhänger.

1602 Im Nördlinger-Ries-Ort Oettingen teilt die mächtige Familie Oettingen ihre Grafschaft unter drei Söhnen auf; bis heute sind die Oettinger eine der ältesten bestehenden Adelsfamilien Bayerns.

1618–1648 Dreißigjähriger Krieg. Die Region ist zentrales Aufmarschgebiet zwischen römisch-kaiserlicher Katholischer Liga und Protestantischer Union, zugleich auch zwischen der habsburgischen Machtachse Österreich–Spanien und den ihr entgegentretenden europäischen Mächten Frankreich, Niederlande, Dänemark und Schweden. Viele Orte werden zerstört.

18. Jh. Der Graubündner Baumeister Gabriel de Gabrieli verewigt sich mit seinen Bauten in Eichstätt und Ansbach.

1806 Bayern wird Königreich von Napoleons Gnaden, verzeichnet große Gebietsgewinne und wird nach den Wiener Kongress für Gebietsverluste in Tirol und der Pfalz mit Franken entschädigt. Bis dahin herrschten die Markgrafen von Brandenburg in Ansbach über einen Großteil der Region. Einflussreich waren auch die Reichsstädte Weißenburg und das Hochstift Eichstätt. Der neue König Maximilian I. lässt diverse bedeutende Kunstschätze nach München bringen.

1833 Im Hofgarten von Ansbach wird das „berühmteste Findelkind Europas", Kaspar Hauser, von einem Unbekannten erstochen.

1845 König Ludwig I. eröffnet den Ludwig-Main-Donau-Kanal. Er verbindet auf 178 km Donau und Main. Durch die Industrialisierung wird Franken zum wirtschaftlichen Motor Bayerns.

1871 Das Königreich Bayern geht im neu gegründeten Deutschen Kaiserreich auf, behält aber diverse Rechte und Privilegien. 1918 endet mit dem Kaiserreich auch die bayerische Monarchie endgültig.

1945 Auf der Rosenburg oberhalb Riedenburgs halten die Amerikaner nach dem Ende des Zweiten Weltkriegs vorübergehend hochrangige NS-Militärs gefangen. Vertriebene aus Schlesien und dem Sudetenland lassen die Bevölkerung Bayerns – und damit auch Frankens – um ein Viertel anwachsen.

1977 Bei Kelheim beginnt der Bau des Main-Donau-Kanals. 1992 wird der letzte Abschnitt bei Beilngries geflutet. 2000 ist das gigantische Wasserumleitungsprojekt Fränkisches Seenland abgeschlossen. Eine beliebte Freizeitregion mit Seen hat sich gebildet.

2005 Der Obergermanisch-Raetische Limes wird zum Unesco-Welterbe ernannt.

2009 Der 1969 gegründete Naturpark Altmühltal wird 40 Jahre alt.

fahrer ideal. Der beste Abschnitt beginnt bei Solnhofen, an den Zwölf Aposteln vorbei (Bootsrutschen bei der Hammermühle kurz hinter Mörnsheim und bei Hagenacker vor Dollnstein). Bootsrastplätze für „Freizeitindianer" und zum Zelten mit Kindern gibt es auf der gesamten Strecke zwischen Treuchtlingen und Kinding. Der Main-Donau-Kanal von Töging bis Kelheim ist allerdings nur etwas für Geübte.

Radfahren Der **Altmühltal-Radweg** ist seit fast 30 Jahren ein Klassiker. Von Gunzenhausen bis Kelheim führt er 155 km am Fluss entlang und zählt zu einem der beliebtesten deutschen Radrouten. Die längere Variante (225 km) beginnt in Rothenburg ob der Tauber, verläuft dann ab Gunzenhausen gleich und endet auch in Kelheim.

Der **Limes-Radweg** (97 km) verläuft als Teil des Deutschen Limes-Radwegs (800 km) von Gunzenhausen über Weißenburg, Kipfenberg und Altmannstein nach Kelheim.

Der **Urdonau-Radweg** ist dagegen eben; seine 33 km durch das frühere Donaubett (vor 200 000 Jahren floss sie dort entlang) verlaufen von Dollnstein nach Neuburg an der Donau durch das Wellheimer Trockental, wo auch viel geklettert wird.

Der **Anlautertal-Radweg** von Weißenburg über Titting nach Kinding ist anspruchsvoll – nur 40 km lang, aber steil.

Fast in jedem Ort gibt es Fahrradverleih, -werkstatt und -rücktransport.

Wandern Neu und beliebt ist der **Altmühltal-Panoramaweg.** Er führt von Gunzenhausen bis Kelheim 200 km recht naturnah entlang der Altmühl zur Mündung in die Donau; in zehn Etappen unterteilt, bietet er zusätzlich 20 Schlaufenwege, die wieder zum Hauptweg zurückführen (www.altmuehltalpanoramaweg.de).

Der **Ostbayerische Jakobsweg** kommt von der tschechischen Grenze (Teilstück Regensburg bis Donauwörth 148 km), kreuzt das südliche Altmühlgebiet und führt vorbei an Altmannstein, Pfünz, Eichstätt und dann nach Donauwörth. Fernziel ist das nordspanische Santiago de Compostela (www.jakobus-gesellschaften.de).

Die 520 km des **Frankenwegs** ziehen sich durch den westl. und nördl. Teil der Region: Von Harburg an der Romantischen Straße über Wemding führt er an Treuchtlingen vorbei zur Wülzburg, dann nach Thalmässing und Berching (www.frankenweg.de).

Der **Wallfahrerweg** (130 km) beginnt an der Wallfahrtskirche Maria Brünnlein in Wemding und verläuft über Monheim und Wellheim, Eichstätt, Greding und Beilngries bis zur Wallfahrtskirche St. Sebastian in Breitenbrunn.

Der **Nürnberg-Altmühltal-Weg** (80 km) zieht sich von Norden her über Thalmässing bis nach Kinding an die Altmühl hinab.

Der **Main-Donau-Weg** (Höchstadt an der Aisch bis Neuburg an der Donau 217 km) des Fränkischen Albvereins führt vom Brombachsee um Weißenburg herum nach Pappenheim. Dann verläuft er bis Eichstätt auf dem Altmühltal-Panoramaweg, von dort Richtung Süden auf dem Ostbayerischen Jakobsweg bis Neuburg an der Donau (www.fraenkischer-albverein.de).

Der **Limeswanderweg** für historisch Interessierte verläuft von Gunzenhausen über Burgsalach, am rekonstruierten steinernen Limeswachturm in Eckertshofen vorbei, über Kipfenberg, Eining bis Bad Gögging.

Fette Ziffern verweisen auf Abbildungen

IMPRESSUM

Verlag: HB Verlag, Marco-Polo-Straße 1, 73760 Ostfildern, Postfach 3151, 73751 Ostfildern, Tel. 0711/4502-0, Fax 0711/4502-135, www.hb-verlag.de, info@bildatlas.de
Geschäftsführer: Dr. Thomas Brinkmann, Dr. Stephanie Mair-Huydts

Chefredaktion und Programmleitung: Rainer Eisenschmid, Birgit Borowski
Redaktion: Horst Keppler
Text: Knut Diers, Hannover
Exklusiv-Fotografie: Ralph Lueger, Essen
Titelbild: Huber/Alfeld (Burg Prunn)
Zusätzliches Fotomaterial: HB Bildarchiv/Jürgen Wackenhut (S. 16/17, S. 34 beide, S. 38/39 u., S. 71 o., S. 103, S. 104 o., S. 107 u.)
Grafische Konzeption, Art Direktion: fpm factor product münchen
Layout: Cyclus Visuelle Kommunikation
Kartografie: © MAIRDUMONT GmbH & Co. KG, Ostfildern
HB Bildatlas Fotoservice: HB Verlag, Marco-Polo-Straße 1, 73760 Ostfildern, Tel. 0711/4502-266, Fax 0711/4502-1006, a.nebel@mairdumont.com

Für die Richtigkeit der in diesem HB Bildatlas angegebenen Daten – Adressen, Öffnungszeiten, Telefonnummern usw. – kann der Verlag keine Garantie übernehmen. Nachdruck, auch auszugsweise, nur mit vorheriger Genehmigung des Verlages. Erscheinungsweise: monatlich.

Anzeigenvermarktung: MAIRDUMONT MEDIA, Tel. 0711/4502333, Fax 0711/45021012, media@mairdumont.com, http://media.mairdumont.com
Vertrieb Zeitschriftenhandel: PARTNER Medienservices GmbH, Postfach 810420, 70521 Stuttgart, Tel. 0711/7252-227, Fax 0711/7252-310
Vertrieb Abonnement: Zenit Pressevertrieb GmbH, Postfach 810640, 70523 Stuttgart, Tel. 0711/7252-265, Fax 0711/7252-333, hbverlag@zenit-presse.de
Vertrieb Buchhandel und Einzelhefte: MAIRDUMONT GmbH & Co KG, Marco-Polo-Straße 1, 73760 Ostfildern, Tel. 0711/4502-0, Fax 0711/4502-340
Reproduktionen: Otterbach Medien KG GmbH & Co., Rastatt
Druck und buchbinderische Verarbeitung: Neef + Stumme GmbH & Co. KG, Wittingen.
Printed in Germany

Überall im Pressefachhandel, Buchhandel und Bahnhofsbuchhandel erhältlich oder zu bestellen unter Telefon 0711/4502-0, Fax 0711/4502-340

IN VORBEREITUNG

MÜNCHEN – Oktoberfest und Hofbräuhaus, Fußball-Millionäre und Bussi-Schickeria, Mekka der Künstler und Kunstbeflissenen, das alles ist München. Nicht nur wegen der Lage nahe der Bayerischen Alpen gilt die „Weltstadt mit Herz" als attraktivste deutsche Großstadt.

Stadt der Kunst und Kultur
Pinakotheken und Nationaltheater
Sportmetropole
Allianz-Arena und Olympiadorf
Schlendern und Schlemmen
Bummel über den Viktualienmarkt

AUSTRALIEN SÜDEN UND WESTEN – Naturwunder hat Australien viele zu bieten, dazu kommen hübsche Städte wie Melbourne, Victoria, Adelaide und Perth. Und Tasmanien ist natürlich eine Welt für sich, die man unbedingt gesehen haben muss.

Auf Abenteuersuche
Unterwegs im Outback
Tierische Begegnungen
Mit Kängurus und Koalas
Einfach genießen
Edle Tropfen vom 5. Kontinent

LIEFERBARE AUSGABEN

HB BILDATLAS

Deutschland

227 Allgäu
320 Altmühltal
316 Bayerischer Wald
235 Berlin
235 Berlin (englische Ausgabe)
289 Bodensee · Oberschwaben
298 Brandenburg
296 Chiemgau · Berchtesgadener Land
274 Dresden · Sächsische Schweiz
256 Eifel · Aachen
260 Elbe und Weser · Bremen
303 Erzgebirge · Vogtland · Chemnitz
242 Frankfurt · Taunus · Rheingau
269 Fränkische Schweiz
253 Hamburg
263 Harz
234 Hunsrück · Naheland · Rheinhessen
233 Leipzig · Halle ·Magdeburg
209 Lüneburger Heide
285 Mainfranken
307 Mecklenburgische Seen
240 Mecklenburg-Vorpommern
151 Mittelfranken
249 Mosel
321 München
255 Münsterland · Münster
281 Nordseeküste · Schleswig-Holstein
196 Oberbayern zwischen Lech und Inn
271 Odenwald · Bergstraße
219 Osnabrücker Land · Emsland · Oldenburger Münsterland · Grafschaft Bentheim
211 Ostfriesland · Oldenburger Land
290 Ostseeküste · Mecklenburg-Vorpommern
277 Ostseeküste · Schleswig-Holstein
215 Pfalz
194 Potsdam · Havelland
243 Rhein zwischen Köln und Mainz
288 Rhön
314 Rügen · Usedom · Hiddensee
300 Ruhrgebiet
258 Sachsen
286 Sachsen-Anhalt
268 Sauerland
200 Schwäbische Alb
266 Schwarzwald · Norden
214 Spreewald · Lausitz · Märkisch-Oderland
247 Südlicher Schwarzwald
224 Sylt · Amrum · Föhr
312 Teutoburger Wald
261 Thüringen
301 Thüringer Wald
202 Trier
237 Weserbergland

Benelux

246 Amsterdam
187 Flandern · Brüssel
275 Niederlande

Frankreich

160 Atlantikküste
278 Bretagne
225 Côte d'Azur
222 Elsass
221 Korsika
295 Normandie
229 Paris
315 Provence
184 Südfrankreich · Languedoc-Roussillon

Griechenland

193 Athen · Peloponnes
189 Korfu · Ionische Inseln
228 Kreta
310 Zypern

Grossbritannien · Irland

294 Irland
175 London
231 Nordengland
304 Schottland
241 Südengland

Italien · Malta · Kroatien

195 Adriaküste · Emilia Romagna
239 Gardasee · Trentino
309 Golf von Neapel · Kampanien
265 Italienische Riviera
282 Italien · Norden
238 Kroatische Adriaküste
254 Malta
210 Mittelitalien
270 Oberitalienische Seen · Mailand
230 Piemont · Aostatal
226 Rom
264 Sardinien
232 Sizilien
201 Süditalien: Apulien · Basilikata
207 Südtirol
267 Toskana
313 Venedig · Venetien

Mittel- und Osteuropa

292 Baltikum
280 Bulgarien
283 Danzig · Ostsee · Masuren
248 Prag
291 St. Petersburg
244 Südpolen · Breslau · Krakau
306 Tschechien
297 Ungarn

Österreich

293 Kärnten
199 Niederösterreich · Wachau
218 Oberösterreich
220 Salzburger Land · Salzkammergut · Salzburg
319 Tirol
206 Wien

Schweiz

305 Schweiz
302 Tessin

Spanien · Portugal

236 Algarve · Lissabon
223 Andalusien
287 Barcelona
150 Costa Blanca
262 Costa Brava
176 Gran Canaria · Fuerteventura · Lanzarote
213 Ibiza · Formentera · Menorca
259 Kanarische Inseln
245 Lanzarote
318 Mallorca
203 Nordportugal
205 Nordspanien · Atlantikküste Jakobsweg · Galicien
177 Teneriffa · La Palma · Gomera · Hierro

Skandinavien

183 Bornholm
279 Dänemark
317 Norwegen · Norden
276 Norwegen · Süden
250 Südschweden · Stockholm

Türkei

252 Türkische Mittelmeerküste

Außereuropäische Ziele

273 Australien Osten · Sydney
322 Australien Süden und Westen
284 China
311 Kalifornien
251 Kanadas Westen
299 Neuseeland
272 New York
257 Südafrika

Länderübergreifende Bände

308 Donau

HB BILDATLAS SPECIAL

Afrika · Naher Osten

67 Ägypten
64 Arabien: V. A. Emirate · Oman · Kuwait · Qatar · Bahrain
72 Marokko
61 Namibia
71 Tunesien · Libyen

Europa

54 Madeira · Azoren · Kapverden

Süd- und Südostasien · Ferner Osten

10 Hongkong
53 Indien: Rajasthan · Delhi · Agra
69 Philippinen
34 Sri Lanka und Malediven
70 Thailand

Süd- und Mittelamerika · Karibik

57 Chile
55 Dominikanische Republik · Haiti
60 Jamaika
65 Kleine Antillen: Antigua Guadeloupe · Martinique · Barbados u. a.
73 Mexiko

USA · Kanda

58 Alaska
62 Florida
68 Las Vegas · Grand Canyon
56 Nordwesten: Washington · Oregon
59 Texas